Orientalische Gärten

Für Corentin, der in diesem Garten zur Welt gekommen ist

Orientalische Gärten

Inspirationen für die Gestaltung

Text
Arnaud Maurières
Éric Ossart

Fotografie
Joëlle Caroline Mayer
Gilles Le Scanff

CHRISTIAN VERLAG

Inhalt

Zum Geleit

Es endet die Regenzeit, des Himmels willkommener Frühjahrsbote,
Heftiger Schauer, beharrlicher Niesel, Wolkenbruch,
Entstanden inmitten der Nacht, an einem lichtlosen Morgen
Oder des Abends in donnertönendem Gewölbe!
Schon zeigt sich der Fenchel auf seinem Schaft ...

LABÎD IBN RABI'A *(Arabien, 6. Jahrhundert)*

Diese Verse über die arabische Wüste, ein Märchen von Wasser und Regen aus vorislamischer Zeit, sind der Anfang der Geschichte unserer Gärten, die eng mit der Geschichte der Wüste verbunden ist. Über diese Wüste sagte Braudel, dass sie »mehr ist als ein Nachbar, sie ist ein manchmal störender, immer aber ein anspruchsvoller Gastgeber. So ist die Wüste eines der Gesichter des Mittelmeers«[1]. Kein Zweifel, dass die Erwähnungen vom Paradies in heiligen Büchern an die Oasen denken lassen, jene rätselhaften, aus einer Quelle entstandenen Lebensräume, denen Palmen Schatten und Nahrung geben und die von Wüstensand umschlossen sind. Und schon haben wir es mit einem Garten zu tun.

Orientalische Gärten in unserem Sinne sind mediterrane Gärten. Sie sind mit den Menschen entstanden, vor jeder Offenbarung. Juden, Christen, Moslems entwickelten sie weiter, wobei Letztere durch Eroberungen und Ansiedlungen als die Hüter dieser uralten Tradition gelten. Heutzutage sind Paradiesgarten und orientalischer Garten eins. Das war jedoch nicht immer so; Blumen und Bäume machen deutlich, dass der Gärtner, der diesen Garten anlegt und pflegt, einzig sich selbst darin zum Ausdruck bringt.

Heute morgen brach ich im Garten Rosen
Und fürchtete, vom Gärtner gesehen zu werden.
Da hörte ich ihn milde zu mir sagen:
»Was sind schon Blumen? Den ganzen Garten schenke ich Dir.«

DSCHALÂL-AD-DÎN RÛMÎ *(Persien, 13. Jahrhundert)*

Dieser große persische Mystiker wird neben anderen Dichtern die Lektüre dieses Buches bis zuletzt begleiten. Denn der orientalische Garten ist seinem Wesen nach ein Ort, an dem Göttliches und Weltliches, geistige und sinnliche Liebe sich begegnen. Er ist eine Stätte der Freude — irdischer Natur, wenn es um die Befriedigung der Sinne geht, und himmlischer Art in der Erfüllung einer spirituellen Suche.

Eine Abhandlung über diese Gärten sucht man vergebens, und so haben wir unsere Hinweise aus der Bibel, dem Koran, aus Vierzeilern und Versen bezogen, aus Beschreibungen von Geografen und Kommentaren von Historikern, um in heutiger Zeit in eigener Regie paradiesische Gärten zu kreieren.

Garten von Fournials, Frankreich.
Lichterspiel an den Wänden, Durchblick auf die Landschaft: Pavillon und Garten, die nach einem Entwurf von Arnaud Maurières und Éric Ossart entstanden, sind so miteinander verwoben, dass man die Grenze zwischen ihnen kaum zu ziehen vermag.

7

Der »Luxus« des Gartens

Das spezifische Merkmal dieses Gartens ist, dass er nichts von seiner Kunst und seiner Seele nach außen dringen lässt, dass er seinen ganzen Luxus (im etymologischen Sinn des Wortes, der da wäre: Licht) sich selbst, dem nach innen gerichteten Blick vorbehält.

SALAH STÉTIÉ, *Lumière sur lumière*, 1992

Kennen Sie die Geschichte des ersten Gartens? Denken Sie an eine Wüste, aber keine Sandwüste, in der niemand überleben könnte, sondern an eine aride Steppe, in der riesige Ziegen- und Dromedarherden weiden, in der sich Mensch und Tier bei ihren Streifzügen von den wenigen Regenfällen, von Wasserstellen und Festen leiten lassen. Stellen Sie sich Nomaden vor. Eines Tages wird ein Stamm, des Umherziehens auf schlammigem Grund müde, von einer Quelle mit klarem Wasser und einigen üppigen Palmen angelockt. Er lässt sich an der Quelle nieder und wird sesshaft. Da jeder möglichst nahe am Wasser sein will, suchen sich alle im selben Abstand zur Quelle einen Platz. Gleiches Recht für alle. Den ganzen Tag über treffen sich die Frauen an der Wasserstelle und füllen ihre Krüge. Dort werden Intrigen und hochzeitliche Bande gesponnen, es ist der Ort, an dem man feiert und wo die Kinder spielen. Nach einiger Zeit entdeckt ein Stammesmitglied beim Ausheben einer Grube, deren Erde für den Bau einer Behausung dienen soll, eine eigene Quelle. Vorbei das lästige Wasserschleppen, vorbei auch das Spaßen und Zanken an der Dorfquelle. Die Frauen bleiben auf dem Anwesen, in dem Bereich, den ihr Gemahl zum Schutz vor umherstreifenden Tieren und Dieben rings um die eigene Quelle abgesteckt hat. Ein jeder aber, der durch das Dorf geht, soll wissen, dass er der Reichste ist und privilegiert, weil er im Besitz von Wasser war. So legt er den Hof seines Hauses an, pflanzt über die Umzäunung hinausragende Zypressen und Palmen, außerdem Orangenbäume und Jasmin, damit jeder Passant deren Duft einatme und, auch ohne ihn zu sehen, die Schönheit des verborgenen Gartens vor Augen habe. Und schon sind wir auf dem besten Weg zu den prächtigen Patios des Generalife.

Oase Siwa, Ägypten.
Die Oasen dehnen sich am äußersten Rand der Vegetation aus. Durch ein Netz von Bewässerungskanälen, welche ursprünglich aus den ersten Paradiesgärten stammen, wachsen sie immer weiter in die Landschaft hinein.

Auch wer in Aix-en-Provence bei der Fontaine des Quatre-Dauphins durch die Straßen läuft, hat den Eindruck, dass die hohen Steinmauern, aus denen das Grün der Zürgelbäume und einiger jahrhundertealter Feigenbäume hervorragt, verborgene Schätze bergen. Neben den plätschernden Brunnen ist nur das Gurren der Tauben zu hören … Der Traum von einer Oase in einer Straße mitten in der Provence. Ein Paradiesgarten bewegt sich stets zwischen Weltlichem und Heiligem, Einzigartigem und Überfluss, zwischen Sinnenfreude und Meditation. In diesem Garten findet alles statt.

Vom Wasser und von den Steinen

Und verkünde denen, die glauben und tun, was recht ist,
dass ihnen dereinst Gärten zuteil werden,
in deren Niederungen […] Bäche fließen!

KORAN, 2–25

Steine für rituelle Waschungen im Gartenhof der Moschee, ein kostbarer Brunnen im Innenhof eines Hauses, hohe Mauern und ein mit Steinen oder Fliesen ausgelegter Boden: Das sind die wesentlichen Elemente unseres Gartens. Pflanzen sind theoretisch überflüssig. Die in Stein gebettete Quelle, der Vogel, der dort trinkt, der Mensch, der sich reinigt – sie bilden einen Mikrokosmos. Gärten von Moscheen sind nur selten bepflanzt. Das Wasser allein symbolisiert das Leben und die Welt, die aus ihm hervorgeht.

So besteht der einfachste Garten, den man anlegen kann, aus einer Quelle, die inmitten eines Stein- oder Fliesenteppichs an die Oberfläche tritt, das Ganze von Mauern oder Hecken umgeben. Das ist der Innengarten par excellence. Der Garten eines Anwesens, eine Art verwunschenes Zimmer. Der Garten zum Meditieren oder zum Träumen.

Unter den Orangenbäumen …

In Ländern mit viel Sonne aber lechzt der Mensch nach Schatten. Auf einem großen Gelände wird das herrliche Licht, das mehrere Stunden am Tag den Brunnenbereich oder den ummauerten Hof überflutet, glutheiß. Und hier beginnt die Geschichte eines anderen Gartens, die der Wahrheit vielleicht auch näher kommt als die erste. Es ist zunächst die Geschichte der Moscheenhöfe, sodann die der Kirchen und Klöster. Sie ist in Andalusien entstanden, in einer der ältesten und größten Moscheen der Welt; sie wird auch im Hof der Orangenbäume von Córdoba erzählt. Die Gelehrten sind sich uneins über das Alter dieser Bäume und die Art, die vor ihnen dort beheimatet war. Es ist von Palmen die Rede, was nahe liegend ist. Als Zeitpunkt für die Kultur der ersten Zitrusbäume wird das 11. Jahrhundert angeführt. Da jedenfalls entstand der älteste orientalische Garten, und so führt uns dieses Buch nach Córdoba, wo wir, an den Stein eines Wasserbeckens gelehnt, im kühlen Schatten von Quittenbäumen sitzen.

11

Garten des Alcázar, Sevilla.
Begegnung von wirklichem und in den Steinreliefs der Kanäle symbolisiertem Wasser – Zierde eines steinernen Gartens.

Folgende Doppelseite
Dem Anschein nach bewässert diese Quelle die gesamte Anlage. So ruft der Empfangspavillon im Alcázar auf meisterhafte Weise die sakrale Bedeutung des Wassers wach.

Ein Garten in Eden

Aber Gott der Herr hatte von Anbeginn einen Lustgarten gepflanzt, und er setzte darein den Menschen, welchen er gebildet hatte.
Und Gott der Herr brachte aus dem Boden hervor allerlei Bäume, schön zu schauen und lieblich zu essen; auch den Baum des Lebens in der Mitte des Gartens und den Baum der Erkenntnis des Guten und Bösen.
Und ein Fluss ging aus vom Lustorte, zu bewässern den Garten, der von da an sich teilt in vier Hauptströme.

GENESIS, **2**, 8/10

Dieser Text, einer der ältesten unserer Geschichte, ist der Schlüssel zu all unseren Gärten. Sinnen und Trachten des Gärtners ist es, diesen Garten Eden wieder zu finden, und so lässt sich ein jeder von diesen wenigen Zeilen zu seinen Träumen von Wasser, Früchten und Blüten inspirieren. Es ist das kürzeste und gefragteste Gartenhandbuch, das es gibt: zwei Verse aus dem Alten Testament – eine Referenz an alle uns bekannten Religionen. In der Genesis sind die Flüsse benannt, von denen uns lediglich Euphrat und Tigris ein Begriff sind. In anderen heiligen Büchern werden die Gärten mehr symbolisch von Flüssen bewässert, die Honig, Wein, Wasser und Milch führen. Das Gelobte Land ist ein »Land, worin Milch und Honig fließt« (Exodus, **13**, 5). Der Koran, in den alle mündlichen und schriftlichen Traditionen aus dem riesigen Verbreitungsgebiet des Islam Eingang gefunden haben, ist das jüngste heilige Buch mit einer Beschreibung des Garten Eden, eines Ortes vollkommener Zufriedenheit, der ewigen Bleibe der Getreuen, die als die »Gefährten des Gartens« bezeichnet werden. Seit sämtliche Vorgänge des weltlichen Lebens durch die göttlichen Gebote geregelt sind, kommt niemand mehr an dieser Beschreibung des Paradieses vorbei, und natürlich hat man sich bei der Gestaltung der Gärten bis in die jüngste Zeit hinein von diesen heiligen Texten leiten lassen.

Der Garten ist also – teils mithilfe wirklicher Kanäle – in vier gleich große Bereiche eingeteilt. Meistens allerdings stehen Alleen für die Wasserläufe. Im Zentrum des Gartens befindet sich die Quelle. Diese Struktur trägt die aus dem Persischen stammende Bezeichnung *schahar-bagh*.

In dieser kurzen Einführung gilt der Darstellung des Garten Eden der Vorzug vor der des Kreuzes Christi in den Klostergärten. Die Mönche suchen nicht länger das Symbol der Qualen auf; sie folgen vielmehr den Flüssen des Paradieses.

Abschließend sei angemerkt, dass die Suche nach dem Paradies zwar universell sein mag, der Leser jedoch insbesondere in das mediterrane Eden eingeladen ist, in das der Völker der Heiligen Schrift.

15

Palacio de Viana, Córdoba.
Der Hauptgarten ist die genaue Übertragung des Textes der Genesis, ebenso auch das aus Holz und Perlmutt geschaffene Motiv einer Damaszener Hochzeitstruhe, die den Plan des Garten Eden nachempfindet (oben).

Der Gartenplan vom Paradies

Firdaus ist die alte persische Bezeichnung für Garten. Davon leitet sich der Familienname Firdosi ab, des berühmtesten persischen Dichters. Miniaturen zeigen ihn stets im Garten, seine Verse lesend. Das Wort *pairidaêza*, von dem sich unser »Paradies« herleitet, taucht in der Avesta auf, einer Sammlung religiöser Lehren und Vorschriften aus dem alten Persien, und bedeutet umfriedetes Land, Gehege. Und das ist der ideale Plan für den paradiesischen Garten: ein umfriedetes Stück Land, im Zentrum eine Quelle, die vier quadratische Gärtchen bewässert, welche durch Wasserrinnen beziehungsweise Stein- oder Erdhügel getrennt sind. In den Gärtchen verströmen Blumen, Rosen, Jasmin und Zitrusfrüchte ihren Duft, hohe Zypressen, eine Palme und Bananenstauden spenden ihnen Schatten.
Neben dem Sehen und dem Riechen befriedigt dieser Garten auch sämtliche andere Sinne: das Hören durch die plätschernden Quellen, das Vogelgezwitscher und die Rezitationen der Dichter; das Schmecken durch die köstlichen Früchte; das Tasten durch das Verreiben aromatischer Blätter und das Eintauchen in das Wasser.

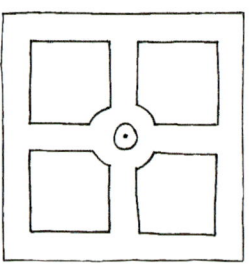

Der ideale Grundriss des Paradiesgartens
Eine Umfriedung, in deren Mitte sich ein Brunnen befindet, der vier quadratische Gärten bewässert, die durch Wasserrinnen oder durch Wege aus Steinen oder Erde voneinander getrennt sind.

Gartenfestival von Chaumont-sur-Loire, 1998.
Am Entwurf dieses von Éric Ossart, Arnaud Maurières und dem Bildhauer Raschid Koreischi geschaffenen Gartens wirkte auch die libanesische Dichterin Ethel Adnan mit, die sich getreu an die von der Genesis vorgegebene Tradition hielt. Gleichsam ein Echo auf den Jardín del Partal in der Alhambra von Granada (rechts).

Bustân, gulistân und *riyâd*

Je nach Größe und Ort ist der orientalische Garten eine
wirkliche Oase, in der die Dattelpalmen den Obstbäumen Schatten spenden. Auf Beeten zu ihren Füßen, ab-
getrennt durch niedrige Erdwälle, werden Gemüse und
aromatische Kräuter angebaut. Nach der orientalischen
Tradition benennen wir diesen üppigen Obstgarten mit
einem Begriff des persischen Dichters Saadi (13. Jahrhundert): *bustân.* Er ist unser Garten des Geschmacks
und der Aromen. Derselbe Dichter verwendet das Wort
gulistân für Rosengarten. Dieser etwas kleinere Ziergarten liegt nahe am Haus. Spiegelbilder auf den
Wasserflächen werden von Wasserspielen gebrochen, die
Kanäle folgen getreu dem Gartenplan vom Paradies.
Hecken aus Myrte und Buchsbaum umschließen die
bunten, duftenden Blumenteppiche. Das ist der Garten
der Düfte und der Farben. Für Entwurf und Namen
des letzten Gartens schließlich, des *riyâd,* ist die Architektur maßgeblich. Dieser gefliese und bepflanzte Hof
ist eine kühle Oase inmitten der Stadt. Das Plätschern
der Springbrunnen gesellt sich zu den Lautenklängen
der Musikanten, und die Blumen geben schwülen Som-
mernächten ihren Duft. Hier steht das Paradies der ein-
fachsten Behausungen dem der Paläste in nichts nach.
Das ist der Garten der Musik und der Feste.
Zweifelsohne hat die Entdeckung der Gärten von Jerusalem und Damaskus zur Zeit der Kreuzzüge die frän-
kischen Herrscher bei der Gestaltung ihrer eigenen
Wohnstätten inspiriert. Davon zeugt *Die Dame mit dem
Einhorn* im Museum von Cluny, die im Schatten von
Pinien und Orangenbäumen auf fünf Wandteppichen
die Litanei der Sinne ausbreitet, bevor sie auf dem
sechsten mit »Meinem einzig Begehr« schließt. Und
einzig zum Vergnügen des Lesers werden wir hier die
Gärten des Paradieses Revue passieren lassen, ihre Einteilung nachzeichnen, ihre Blumen und Früchte anbau-
en und ihrer Musik lauschen. Das Paradies nämlich ist
zeitlos: Es ist heute ebenso freigebig wie gestern, es
ist bei uns ebenso zu Hause wie im Orient …

19

Bustân – dieses Wort aus dem Persischen ist die gebräuchlichste Bezeichnung für den Garten. Ganz allgemein ist der Obstgarten gemeint, doch erinnert die Etymologie des Wortes (*bu* = Geruch, *stân* = Ort) daran, dass Nutzanbau und Befriedigung der Sinne, insbesondere die des Geruchssinns, einander nicht ausschließen.

Die Entwicklung der Gärten im Abendland, in Andalusien ebenso wie in Marrakesch, geht auf das 12. Jahrhundert zurück. Damals hießen die Gärten *buhayra* (kleines Meer), was die Bedeutung der Bewässerung hervorhebt und eine Vorstellung von der Größe der entsprechenden Wasserbecken vermittelt. Im Zusammenhang mit den Gärten in Marrakesch spricht der Historiker al-Fischtâlî (17. Jahrhundert) von einem »wogenden Meer, welches das große Wasserbecken bildet, das den Garten beherrscht«.

Heute sind lediglich im Süden Marokkos als *bustân* bezeichnete Gärten erhalten. Sie werden mit den Berbernamen *agdal* oder *arsa* benannt, die ebenfalls auf Wasser anspielen. *Arsa* ist der kleinere Garten von beiden, eher ein Gemüsegarten als ein Obstgarten.

Der *bustân* ist definiert als Obstgarten, Palmen- oder Orangenhain, auf dessen Boden auch andere Pflanzen gedeihen, Gemüse und aromatische Kräuter vor allem, denen das Blattwerk der Bäume Schatten spendet. Die Bewässerungskanäle geben dem Garten seine Gestalt, sie formen ein Netz aus Quadraten, das man vom Pavillon aus in Augenschein nehmen kann.

Der Koch Abu Samîn, der im 9. Jahrhundert am Hof von Bagdad Dienst tat, hinterließ ein Rezept, das Birnen und Pfirsiche mit Hühnerfleisch kombiniert. Diese Zubereitung trägt den Namen *bustâniya* in Anspielung auf den Obstgarten, aus dem diese Früchte stammen. Der *bustân* ist also tatsächlich ein Garten der Gaumenfreuden ...

Die mit diesem Garten einhergehende Architektur dient einzig und allein dem Zweck, das Wasser zu speichern und zu verteilen beziehungsweise die Umfriedung zu markieren. Manchmal werden Lustpavillons in den Grundriss integriert, mit Blickrichtung nach außen, auf den Garten oder das Wasserbecken.

Zwischen diesem Nutzgarten, der wohlriechende Blätter und köstliche Früchte hervorbringt, irdische Nahrung, sofern man sie als solche bezeichnen darf, und Andalusiens berühmten, mit Orangenbäumen bepflanzten Innenhöfen, die jene unermüdlich bewässerten Oasen symbolisieren, lässt sich ein Zusammenhang herstellen. Sie werden mit denselben Mitteln gestaltet, folgen aber einem weitaus ausgeklügelteren System. Von einem riesigen Gebetssaal aus kann man auf sie schauen.

Er hat die Erde gespalten,
  und klares Wasser ist emporgesprudelt,

köstlich und rein,
  als Quelle,

als Bach, als Fluss
  oder Strom.

Er hat den Boden ringsum
  gesegnet,

indem er Pflanzen aller Art
  dort wachsen ließ

dank des Fruchtbarkeit verleihenden
  Wassers,

Erträge von den gepflügten Äckern
  und tausend anderlei Reichtümer.

UMAYYA IBN ABI'S-SALT
(Arabien, 7. Jahrhundert)

Der bustân,

GARTEN DES GESCHMACKS UND DER AROMEN

Dann erhielten die Verwalter des Aljarafe von höchster Stelle den Befehl, Olivensetzlinge verschiedener Art zu sammeln (...) und in die Buhayra zu bringen, damit sie dort angepflanzt würden. Also wurden zigtausende Setzlinge herbeigebracht (...). Von Jahr zu Jahr entwickelte sich die Anpflanzung ordentlich und unter ausgewogenen Bedingungen.

Von seinem Palast in Sevilla aus begab sich der Fürst der Gläubigen in Begleitung almohadischer Würdenträger zu Pferd dorthin, um die Arbeiten zu überwachen und sich am Anblick der Anpflanzung (...) zu erfreuen. Schließlich suchte der Fürst der Gläubigen nach einer Möglichkeit, Wasser herbeizuleiten, um die Pflanzen zu bewässern. Da fand man im Tal, vor dem Tor von Carmona, die verlorenen Spuren eines unterirdischen Kanals wieder (...). Der Wasseringenieur al-Hadsch Ya'isch (...) entdeckte, dass es sich um den Verlauf eines alten Kanals handelte, das Werk römischer Herrscher aus vergangenen Zeiten. Dieser Kanal versorgte Sevilla mit Wasser. (...) Die Arbeiten für die Zuleitung des Wassers wurden nach den Entwürfen des Ingenieurs genauestens ausgeführt. Am 22. Februar 1172 (im Jahr 550 der Hedschra) wurde das Reservoir gefüllt. An jenem Tag nahm der Fürst der Gläubigen bei den Einweihungsfeierlichkeiten den Ehrenplatz ein (...).

Zur Feier des Ereignisses und als Ausdruck der Freude darüber, dass man sah, wie das Wasser das Reservoir füllte und endlich nach Sevilla gelangte, wurden die Trommeln geschlagen.

IBN SÂHIB AS-SALÂT *(Andalusien, 12. Jahrhundert)*

Die Quellen des Gartens

Der *bustân*, Verlagerung der Oase in fruchtbarere Breiten, in denen Mauern die umschließende Wüste ersetzen, ist also der Obstgarten schlechthin. Er wird rings um ein riesiges Wasserreservoir angelegt, und die Bepflanzung folgt dem Netz der Bewässerungskanäle. Die Beherrschung des Elements Wasser bedingt die Gestalt des Gartens. An den Küsten des Mittelmeeres sind die Niederschläge zu selten und unberechenbar, um den Anforderungen von Nahrungskulturen zu genügen. Die eigentliche Form der Gärten hat die Theoretiker kaum beschäftigt, doch die Hydraulik gehörte zu den ausgeklügeltsten Techniken arabischer Ingenieure. Manche von ihnen, zum Beispiel der Mathematiker Ibn asch-Schabbât, der im 13. Jahrhundert die Bewässerung in der Oase Tozeur in Tunesien konzipiert hat, werden wie Heilige verehrt.

Das Prinzip ist stets dasselbe. Von einer Quelle aus, einem Fluss oder See wird das Wasser zu einem Sammelbecken geleitet. Sobald es gespeichert ist, wird es in Bewässerungskanäle eingespeist, die den Obstgarten durchziehen.

23

Oase Tata, Südmarokko.
Die Oase wenige Tage nach dem Regen.

Der Garten der Noria

Und das gleich einem Kettenhemd glitzernde Wasser,
das durch den Bach fließt.

DSCHALÂL-AD-DÎN RÛMÎ *(Persien, 13. Jahrhundert)*

Zugeleitet wird das Wasser mithilfe der natürlichen
Schwerkraft, sofern es oberhalb des Gartens abge-
zweigt werden kann. Andernfalls befördert ein Schaufel-
rad, die Noria, das fließende Wasser in einen Zulauf-
kanal, der das Wasserbecken speist. Norias werden
hydraulisch betrieben, sofern eine Strömung vorhanden
ist, oder durch ein Zugtier – ein Dromedar oder einen
Esel –, wenn das Wasser vom Grund geschöpft werden
muss. Das riesige Holzrad, das an eine Schaufelmühle
erinnert, ist ein Blickfang, seine Bewegung begleitet die
Bauern bei der Arbeit.

Für Dichter und Musiker war es ein wehmütiger
Moment, als die alten Norias erst durch mechanische,
dann durch elektrische Pumpen ersetzt wurden. Einer
der berühmtesten zeitgenössischen ägyptischen Kompo-
nisten, Hamza El Din, hat für die Musiker des Kronos
Quartets ein bemerkenswertes Stück geschaffen, mit
dem eindringlichen Rhythmus der sich leerenden
Schaufeln, des knarzenden Rades, dem Lachen und
dem Gesang der Frauen, dem Schreien der Esel. In An-
lehnung an die Norias in Córdoba an den Ufern des
Guadalquivir haben wir einen Garten für das Festival
von Chaumont-sur-Loire entworfen. Die relativ kleine,
aber traditionelle Noria ist augenscheinlich das wesent-
liche Element des Gartens, eine Skulptur aus Wasser
und Holz. Sie entleert sich in ein Wasserbecken, das der
Bewässerung der Anpflanzungen dient.

Vom Sammelbecken aus wird das Wasser in Kanäle geleitet. Sodann werden die quadratischen Beete der
Reihe nach in regelmäßigen Abständen überflutet. Für
ein ausreichendes Gefälle haben die arabischen
Hydrologen seit dem Mittelalter mehrere Techniken
entwickelt, die zum Teil innovativ waren, meistens aber
auf frühere Arbeitsweisen der Römer zurückgingen.

Zwei Arten der Bewässerung

◆ Eine Lösung besteht darin, dass man die größeren
Wasserbecken über dem Bodenniveau anlegt und das
Wasser über ein Schleusensystem in die Kanäle ein-
speist. Diese werden mithilfe einer Hacke von Hand
ständig umgeleitet, sodass das Wasser den jeweils zu
bewässernden Baum erreicht.

◆ Die zweite Lösung eignet sich für kleinere Anlagen.
Das Wasserbecken befindet sich zur Hälfte unter dem
Bodenniveau, und die Beete sind tiefer gelegt. Das
überlaufende Wasser aus dem Becken fließt in die
Kanäle. Diese Technik, die häufig auf persischen Minia-
turdarstellungen zu sehen ist, verleiht dem Garten
eine Struktur: Die Wege zwischen den Beeten sind erhöht und stehen für die Flüsse des Paradieses.

25

Gartenfestival von Chaumont-sur-Loire, 1999.
Der Garten der Noria, von Éric Ossart.

Vom Wasserspeicher zum Zierbecken

Oh, möge am Ufer des belebenden und klaren Wassers,
Das reichlich fließt, das Gezwitscher der Vögel im Geäst
Und die süße Klage der Turteltaube währen,
Im leichten Hauch des Windes, der sich in den Blumen verirrt.

RIZQALLAH CHAWÂM *(Syrien, 1887–1961)*

Auch der bescheidenste Gemüsegarten profitiert von einem solchen Bewässerungssystem und gedeiht zu einem richtigen Ziergarten. Neben seiner Speicher-funktion dient das Wasserbecken auch zum Baden, und der Spaziergänger kann sich auf seiner gefliesten Um-randung niederlassen, auf der der Gärtner auch Blu-mentöpfe mit Duftpflanzen platziert.

Im Garten von Fayum in Ägypten speist ein kleiner, umgeleiteter Bach ein Wasserbecken, das den gesamten *bustân* versorgt. Ein Teil des Beckens und die daran an-schließende Terrasse sind mit Schilf bedeckt, damit beim Verlassen des Beckens nach dem Bad für Schatten gesorgt ist. Hier wird auch das abendliche Mahl serviert.

Im Garten von Fournials im Südwesten Frankreichs ist das Wasserbecken einem anderen, gleich großen, aber weniger tiefen Becken gegenüber angeordnet. Ersteres ist zum Baden, Letzteres als Wassergarten gedacht. Zwischen den beiden Becken liegt eine quadratische Rasenfläche, auf der man sich vergnügen kann. Die Wasserversorgung wird durch das Sammeln des Regen-wassers auf dem Hausdach gewährleistet. Das aufbe-reitete Wasser für das Schwimmbecken läuft in einem tönernen Abflussrohr in die Erde und kommt als Springbrunnen wieder an die Oberfläche. Dieses Becken rechtfertigt einen Niveau-Unterschied; denn im Vergleich zum Haus wird es leicht erhöht gebaut. Auf diese Weise speist es den Brunnen und sorgt für die Bewässerung der umfriedeten Gärten.

»Ein Becken, in dem die Seerose ruht«

In unserem Garten haben wir Blumen,
Deren Palette von Purpur bis Gold reicht.
Aus Speiern fließt reichlich Wasser in das Becken,
Ein Becken, in dem die Seerose ruht,
Unermüdliche Aufbereiterin des Wassers.

ALI AL-BAGHDÂDÎ *(Bagdad, 14. Jahrhundert)*

In orientalischen Gärten dreht sich alles um das Wasser, und dennoch kennt die Tradition keinen Wassergarten. Höchstens Seerosen breiten sich auf der Oberfläche der Wasserbecken aus, und aus manchen Brunnen schaut der weiße Pfeil der Kalla hervor. Im Garten von Fournials schenkt die Seerose 'Hermine' ihr Weiß manchem vergänglichen Strauß.

Auf dem Rand des Wasserbeckens in dem kleinen alten Wohnhaus Carmen de los Cipreses in Granada stehen mächtige Glasflaschen, die einfach nur mit Wasser gefüllt sind. Sie fangen das Licht ein und werfen es auf den Jas-min zurück, der sich dicht an die Zypressen schmiegt, oder auf die Azulejos, die den Brunnen schmücken.

Die größten Becken sind Fischteiche, in denen sich Karpfen und andere Süßwasserfische tummeln. Selbst Störe lassen sich bei ihrem friedlichen Leben auf dem Grund der Wasserbecken beobachten.

Palacio de Viana, Córdoba (links).
In diesem Patio dient das Wasserbecken der Speisung einer Fontäne und als Bewässerung für einen Garten, der im Wesentlichen aus Blumentöpfen besteht.

Garten von Fournials, Frankreich (rechts).
Ein Wasserbecken hat sich in einen Seerosenteich verwandelt.

Garten von Fayum, Ägypten.
Bei Michel Pastore und
Evelyne Porret dienen die
Wasserspeicher für den
Gemüsegarten als Schwimm-
becken. Dieses kombinierte
Becken ist das hervorstechen-
de Element des Gartens.

Orangenbäume im Gartenhof

Durch sie hoben unbekannte Vögel
ihr Zwitschern an,
Über uns,
auf wieder ergrünten Zweigen sitzend,
Und die Bäume zeigten sich am Morgen,
nach diesem Tag,
Schwer behangen mit neuen Früchten,
die unsere Nacht hatte reifen lassen.

RIZQALLAH CHAWÂM *(Syrien, 1887–1961)*

Orangenbäume wurden in den ersten Jahrhunderten unserer Zeitrechnung aus dem fernen in den näheren Orient gebracht. Die Araber führten sie über Sizilien und Andalusien zu Beginn des 11. Jahrhunderts in Europa ein. Seit dieser Zeit werden sie im gesamten Mittelmeerraum in allen geeigneten Klimazonen intensiv angebaut, sie gehören zu den wichtigsten Pflanzen in den Paradiesgärten des Abendlandes.

Ursprünglich, also im 9. Jahrhundert, war der Hof der Moschee in Córdoba wahrscheinlich mit Palmen bepflanzt. Aber kaum zwei Jahrhunderte später traten Orangenbäume an ihre Stelle. Seither wurden diese Bäume nach dem Gutdünken der jeweiligen Bewohner des Ortes immer wieder angepflanzt. Dieser Hof zählt auch heute noch zu den Gärten, die einen sehr anrühren, denn er ist der erste dieser Art in unserer Geschichte. Es ist der Obstgarten im heiligen Sinne, der die Seele nährt, wie seine Früchte den Körper nähren, und der, indem er alle Sinne weckt, das Herz erfreut und auf die mystische Begegnung vorbereitet. An dieser Tradition hält man im abendländischen Islam fest, und auch in den Höfen der Moscheen von Tarudant im Süden Marokkos werden noch immer Orangenbäume gepflanzt. Die Moschee in Córdoba lässt alle Besucher ihre Pracht erleben; das gilt nicht für die Moscheen Tarudants. Sie schenken ihren wohltuenden Schatten einzig den Gläubigen, Ungläubige wie wir dürfen lediglich »den Schritt vor den Pforten [verlangsamen]. Dann überschüttet uns das Heiligtum einen Augenblick mit einer weißen Lichtgarbe, sendet uns einen fromm gemurmelten Gruß zu …«[1] – und lässt uns eintauchen in den Duft der Orangenblüten, wie wir dieser Beschreibung Lotis hinzufügen können. In Córdoba ist das Wasserbecken ein rechteckiges, erhöht stehendes Steinbecken; es wird von vier Brunnen gespeist, die ebenfalls aus behauenem Stein bestehen und an je einer Ecke des Beckens angeordnet sind. Nicht zuletzt das Plätschern der Brunnen und das Gezwitscher der Vögel, die dort trinken, machen den Zauber des Ortes aus. Wegen der geringen Wasserführung

Garten des Alcázar, Sevilla (rechts).
Die Orangenbaumfläche.

dauert es mehrere Tage, bis das Becken gefüllt ist. Dann wird eine Schleuse geöffnet, und der Druck reicht aus, um das Wasser auch in die entlegensten Kanäle zu leiten. Jedes Gartenviertel wird einzeln bewässert, indem der Gärtner am Zulauf des entsprechenden Kanals eine Schleuse betätigt. Der Boden, in den die mit Ziegelsteinen gesäumten Kanäle eingebettet sind, besteht aus verlegten Kieselsteinen. Bei den Schleusen handelt es sich um einfache Bretter, die zwischen zwei Ziegelsteinen einrasten. Mithilfe von Tüchern dichtet der Gärtner größere undichte Stellen ab.

Das heutige Wasserbecken stammt noch aus der Renaissance. Ursprünglich, vor der Zeit der Orangenbäume, diente das Wasser rituellen Waschungen. Im Hof von Sevilla hingegen ist noch der westgotische Hauptbrunnen erhalten. Im 12. Jahrhundert war der Garten von überdachten Gängen umgeben. In deren Schatten erteilten die damals berühmtesten Meister der arabischen Welt ihren Unterricht. Der Boden, der zu Beginn des letzten Jahrhunderts rekonstruiert wurde, gleicht der gemeinsamen Arbeit von Gärtner und Goldschmied, wurde doch jeder noch so kleine Kanal mit Ziegelsteinen eingefasst; Erinnerungen an den Boden indischer Paläste kommen auf.

Ein Netz aus Orangenbäumen

◆ Die als *bustân* bezeichneten Gärten sind stets einheitlich nach einem schlichten Prinzip angelegt: Die Orangenbäume werden mit einem seitlichen Abstand von sechs bis acht Metern gepflanzt und verteilen sich über den gesamten Raum eines von einer Umrandungsmauer oder von überdachten Gängen gebildeten Vierecks.

◆ In Córdoba wird die Monotonie der Zitrusbaumreihen durch einige wenige Zypressen und Palmen sowie einen Olivenbaum unterbrochen, die jedoch der Perfektion keinerlei Abbruch tun. Der Boden ist ganz aus Stein, und die Bewässerungskanäle sind nach einem schlichten Raster angelegt.

33

Orangenhof, Córdoba (links).
Seit Jahrhunderten wird Baumreihe für Baumreihe aus einem Becken bewässert, in das eine natürliche Quelle einfließt.

Kathedralenhof, Sevilla (oben Mitte).
In diesem aufwendigeren Hof steht in jeder der vier Ecken ein Marmorbrunnen.

Duft und Aroma der Paradiesfrüchte

... unermessliche, verborgene Gärten hinter ruinengleichen Mauern, Orte muselmanischer Wonnen, welche die Frauen der Sultane aufsuchten, um zu träumen, um mit dem Gurren der Tauben, dem Duft der Zitronenbäume und Rosen, dem erfrischenden Plätschern des Wassers zu spielen, das im Schatten fließt, dem andächtigen Schatten, den in Art einer langen Chaussee die dichten silbrigen Olivenbäume werfen.

A. CHEVRILLON, *Marrakech dans les palmes*, 1919

Orangenblütenwasser, Bitterorangenmarmelade, Zitronentajin, kandierte Zedratzitronenschale ... Im Orient sind Zitrusfrüchte, die auf raffinierte Weise unseren Gaumen erfreuen, aus der Küche ebenso wenig wegzudenken wie bei der Herstellung von Parfüm. Bergamottöl wird aus der Schale der Frucht gewonnen. Es ist ein wesentlicher Bestandteil in der Zusammensetzung von Duftwässern, aber auch der meisten Parfüms, denen es die Kopfnote gibt, frisch und flüchtig, die den Übergang zu den schwereren und beständigeren Herznoten schafft. Bergamotte wird mit Petitgrainöl kombiniert, das durch die Destillation noch winziger unreifer Früchte sowie der Blätter und der jungen Triebe des Orangenbaums gewonnen wird.

Neroliöl, ein ätherisches Öl, ist das Destillat von Bitterorangenblüten. Dieses Parfüm fand im 17. Jahrhundert durch Flavia d'Orsini, Herzogin von Nerola, Verbreitung, der es seinen Namen verdankt. Es handelt sich um einen zarten, blumigen Duft, der für Parfümeure unverzichtbar ist.

Köche und Duftexperten also kommen an den Paradiesfrüchten nicht vorbei. Wie aber ist es um den Gärtner bestellt?

Der Orangenbaum hat sich zu einem unentbehrlichen Gast in den orientalischen Gärten entwickelt. Gewiss eignet sich nicht jedes Klima für den Winteranbau von Zitrusfrüchten. In der Mittelmeerregion aber und selbst in nördlicheren Breiten können sämtliche Varietäten von den Sommermonaten profitieren. Während der kühleren Jahreszeit müssen sie allerdings unter einem schützenden Dach stehen. Zu diesem Zweck sind die Orangerien entstanden, die Vorgänger unserer heutigen Gewächshäuser aus Metall und Glas. Mit ihren Ziegeldächern und einer nach Süden hin kom-

Von links nach rechts: Süße Orangen samt Blüten, Bitterorange (die einzige robuste Zitrusfrucht), Zedratzitrone, Zitronen und blühende Orangenbäume.

plett verglasten Fassade fügen sich diese Pavillons perfekt in den *bustân*. Die Zitruspflanzen werden in großen Tontöpfen gezogen. Die Holzbehälter sind jüngeren Datums und vertragen sich nicht mit den Stilelementen von alten Gärten. In klimatischen Grenzzonen oder auch aus ästhetischen Gründen können Zitruspflanzen an sonnenseitigen Wänden als Spalierbaum gezogen werden; späte Kälteeinbrüche überstehen sie so besser.

Im Palast von Viana in Córdoba sind an den hohen Mauern der Patios die Spaliere der Zedratzitronenbäume zu sehen.

Welche Varietät empfiehlt sich?

◆ Am Straßenrand, in öffentlichen Parks und in andalusischen Höfen pflanzt man die Bitterorange oder Pomeranze, bei der es sich um einen kräftigen Baum handelt, der viele dekorative Früchte trägt. Als Topfpflanze ist dem Zitronenbaum der Vorzug zu geben, der bereits sehr jung und selbst unter schwierigen Wachstumsbedingungen Früchte trägt. Der einzige Zitrusbaum, der in jeder Hinsicht robust ist, stammt aus China: *Poncirus trifoliata*. Das strauchartige, dornige Gewächs besitzt stark duftende Blüten, und seine Früchte ähneln kleinen Bergamotten.

◆ Bei geeignetem Klima, das heißt in frostfreien Zonen, gedeihen (fast) alle Zitrusfrüchte, ob Orangen, Pampelmusen, Zitronen oder Zedratzitronen. Kenner mögen sich auf die Suche nach der alten Varietät 'Bouquet de Nice' begeben, einem Bitterorangenbaum mit gefüllten Blüten und unvergleichlichem Duft.

Palacio de Viana, Córdoba (links).
Ein Bergamottebaum am Spalier.

Fondación Rodriguez-Acosta, Granada (rechts).
In diesem modernen Garten dienen einzig Zypressen und Pomeranzen als Schattenspender.

Der Palmenhain

Und über ihr wogten die geschmeidigen Weidenzweige,
Wie lauter Lanzen mit einer ebenso biegsamen Taille
Wie die meiner Liebsten, oder jene Palmen, in denen sich
Der dunkle Glanz einer Traube reifer Früchte verbirgt.

RIZQALLAH CHAWÂM *(Syrien, 1887–1961)*

»Die Bewohner der Oasen haben an geeigneten Stellen,
an denen die Gattung möglicherweise schon vor den
Menschen existierte, Dattelpalmen gepflanzt oder gesät, und wenn ein Reisender in einiger Entfernung von
den Behausungen auf einzelne Bäume trifft, so weiß er
nicht, ob sie nicht aus Samen hervorgegangen sind, die
von Karawanen weggeworfen wurden« (A. de Candolle[2]). Dattelpalmen werden also schon so lange angebaut, dass der Mensch ihren Ursprung nicht mehr
nachvollziehen kann. In den meisten Ländern sind
Oase und Palmenhain Synonyme, so allgegenwärtig ist
die Dattelpalme.

Denn unter allen Palmen, von denen es mehrere tausend Arten gibt, handelt es sich allein bei der Dattelpalme *(Phoenix dactylifera)* um einen Leben spendenden
Baum im Mittelmeerraum, um einen Baum aus dem
Paradies unserer Gärten. Ihr eleganter Wuchs und die
reiche Ernte haben viele Dichter inspiriert, die sie mit
jungen, grazilen Mädchen vergleichen ... »Das dichte
und tiefschwarze Haar, das den Rücken ziert, so kostbar wie ein Palmenzweig voller Früchte« (Imru'lqais,
Arabische Halbinsel, 6. Jahrhundert).

An der Palme ist alles von Nutzen: Die Blätter werden
zum Bedachen und als Schutz gegen die Dünen verwendet oder wie Weide zu Matten oder Tragekörben
verflochten. Aus den Blattstielen fertigt man Obst-

Oase von Midès, Tunesien.
Künstlerische Installation mit Dattelfruchtständen von Éric Ossart und Arnaud
Maurières, im Dezember 1998.

Süßes Dattelbrot

 Das köstliche *hays* wird nach einem sehr alten
Rezept auf der Grundlage von Datteln zubereitet: Es
ist eine Mischung aus dem Fruchtfleisch kandierter
Datteln, Semmelbröseln, gemahlenen Mandeln und
Pistazien sowie Sesamöl. Die daraus hergestellte Paste
wird in Zucker gewendet und bei einem Glas Pfeffer-
minztee oder grünem Tee mit Wermut nahe einem
kühlenden Brunnen und unter den rauschenden
Zweigen einer Palme sofort verspeist ...

kisten, Sitze und Tische; die Fasern werden zu soliden
Seilen geflochten; aus den getrockneten Blütenständen
werden Fischsiebe oder -reusen gemacht, und der aus-
gehöhlte Stamm verwandelt sich in eine Regenrinne
oder ein Rohr.

An der Palme ist auch alles zum Verzehr geeignet: Die
Datteln werden frisch oder in getrocknetem Zustand
noch mehrere Monate nach der Ernte gegessen; der
Saft bringt einen richtigen Nektar hervor, den *legmi,* der
fermentiert ein berauschendes Getränk ergibt; die jungen Blätter der Palmherzen sind eine Delikatesse.

Die ersten Datteln werden schon am Ende des Sommers geerntet, doch erst im November und Dezember
kommen die besten Sorten zur Reife: »Im Herbst
harren die Palmen der Ernte entgegen, / Aber die Luft
steht still, die Erde befindet sich auf dem Rückzug«
(as-Sanaubarî, Syrien, 10. Jahrhundert). Als Export-
ware für weniger milde Gefilde ist der *deglet nûr,* wörtlich »Lichtfinger« in Anspielung auf die längliche
Form der Frucht und ihr durchscheinendes Fleisch, am
meisten geschätzt.

Im Süden Tunesiens, in Nefta, wird der Palmenhain
auch als *corbeille,* wörtlich Korb, bezeichnet, was sowohl
ein Hinweis auf die üppige Produktion wie auf das
markante, nach innen gewölbte Relief des Ortes ist, der
wie von Dünen geschützt wirkt. Dieser ursprüngliche
bustân ist durch die Bewässerungskanäle strukturiert, die
– je nach verfügbarer Wassermenge – ein mehr oder weniger dichtes Netz aus lauter Vierecken bilden.

Im Schatten der Dattelpalmen werden Obstbäume angepflanzt: Aprikosen-, Orangen-, Feigen- und Granatapfelbäume. Sie werden regelmäßig unter Wasser gesetzt, unter ihrem Blattwerk gedeihen Gemüse- und
Gewürzpflanzen: Saubohnen, Möhren, Rüben, Tomaten, Kohl, Fenchel, Koriander, Minze, Petersilie und
Bohnenkraut. Jedes Beet ist durch kleine Erdwälle begrenzt, die zur Bewässerung mit einer Hacke geöffnet
und wieder geschlossen werden. Auf jedem Beet wird
nur eine Sorte angebaut, wodurch die Anlage zu einem

wahren Patchwork wird, in dem die rote Farbe von Paprika und Tomaten, die braune Erde oder das leuchtende Orange der Ringelblumen Abwechslung in die verschiedenen Grüntöne der Blätter bringt.

In den Oasen erinnern Henna- und Ringelblumenfelder auch an das Haar junger Frauen. Die getrockneten, pulverisierten Hennablätter *(Lawsonia alba)* verleihen dunklem Haar einen Kupferschimmer, während das Haar älterer Frauen durch das regelmäßige Färben regelrecht rot wird. Ringelblume *(Calendula officinalis)* wird in das Haarwaschmittel gegeben, um das Haar zu festigen. Die Hennablüten, in der Farbe zurückhaltend weiß, erinnern mit ihrem schweren Duft an Reseda. Henna, ein in Afrika und Asien heimisches Weiderichgewächs, gedeiht nicht in unseren Breiten; die Ringelblume dagegen wird im Herbst vor Ort gesät und blüht in den ersten Sommertagen.

Dieser Garten ist ganz auf den Geschmack ausgerichtet, der Hain lebt im Wechsel der Ernten, und die Wohlgerüche, die im Dorf aus den Küchen entweichen, geben dem Gast Auskunft darüber, welche Frucht gerade gesammelt wird: Im Frühjahr liegt der Duft reifer Aprikosen in der Luft, im Sommer der getrockneter Feigen, in den letzten Wintertagen der von Koriandersuppe ...

41

Oase al-Fayyûm, Ägypten.
Ringelblumenfelder für die Kosmetikindustrie.

Die ideale Anordnung einer *corbeille* trägt allen Erfordernissen von Mensch und Natur Rechnung, und in die so entstehende Harmonie mischen sich einzig das Gurren der Tauben, das Plätschern des Wassers und die Rufe sowie das Lachen von einer *corbeille* zur anderen.

Palmen für kältere Regionen

Er legte mir dar, durch welche Eigenschaften sich Palmen voneinander unterscheiden: Die einen sind eher maritim (...), die anderen wachsen im Hinterland; manche tragen Früchte, die Datteln, andere nicht; die Dattelpalme heißt nekla, *jeder ihrer Bestandteile hat auf Berberisch und Arabisch eine andere Bezeichnung. Die Zwergpalme, auch* dum *genannt, hat langfiedrige gelbe oder grüne Blätter, je nachdem, ob der Baum männlich oder weiblich ist, und sowohl gelbe und als auch grüne bei Hermaphroditen.*

PREDRAG MATVEJEVIC, *Der Mediterran*, 1992

Die Dattelpalme trägt in Frankreich keine Früchte; dennoch ist sie ein schöner Zierbaum an den Küsten des Mittelmeers. Häufig tritt an ihre Stelle die Kanarische Dattelpalme (*Phoenix canariensis*), die in denselben Gärten heimisch wird, aber von majestätischerem Wuchs ist. Die kleinen Früchte eignen sich nicht zum Verzehr.

Die einzige Palme, die in gemäßigten Zonen durch und durch robust ist, stammt aus China: *Trachycarpus fortunei*, die Blühende Hanfpalme.

Der Gemüsegarten im Garten von Fayum ist sehr stark an diesen *corbeilles* orientiert; vom Rand des Wasserbeckens aus schweift der Blick über Felder mit jungem Salat und dicken Bohnen. Die Bewohner sind Töpfer, geprägt von der Tradition des Tonglasierens in Fustat, dem Töpferviertel Kairos. Im Mittelalter wurde dort eine hochwertige emaillierte Keramik produziert, die von der persischen Keramikkunst inspiriert war. Heute werden Scherben dieser Töpferarbeiten ausgegraben, die den Luxus des damaligen städtischen Lebens erahnen lassen. Zu dieser Tradition sind die Töpfer des Anwesens zurückgekehrt, und so stehen, verteilt über den ganzen Garten, Schalen und andere Gefäße, in denen reife Früchte und frische Gewürze gesammelt werden. Die Muster bestehen aus Arabesken, die an Blätter und Schattenspiele von Palmenzweigen erinnern.

42

 Links: Luzerneanbau im Hinterland von Kairo.

Rechts: Blüten der Saubohne.

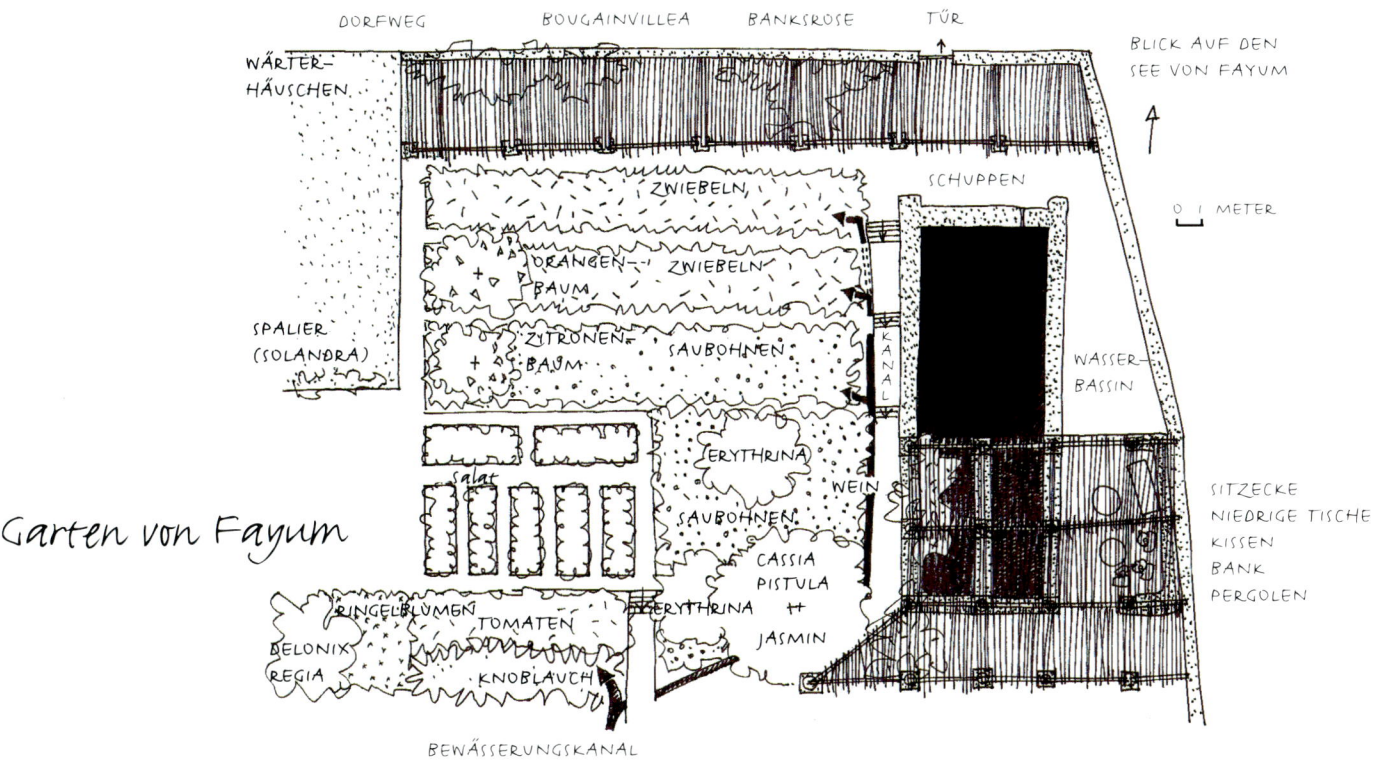

DORFWEG   BOUGAINVILLEA   BANKSROSE   TÜR

WÄRTER-
HÄUSCHEN

BLICK AUF DEN
SEE VON FAYUM

SCHUPPEN

0 1 METER

ZWIEBELN

ORANGEN-
BAUM   ZWIEBELN

K
A
N
A
L

WASSER-
BASSIN

SPALIER
(SOLANDRA)

ZITRONEN-
BAUM   SAUBOHNEN

ERYTHRINA

WEIN

SITZECKE
NIEDRIGE TISCHE
KISSEN
BANK
PERGOLEN

Garten von Fayum

Salat

SAUBOHNEN

CASSIA
PISTULA

RINGELBLUMEN   TOMATEN

ERYTHRINA

DELONIX
REGIA

KNOBLAUCH

JASMIN

BEWÄSSERUNGSKANAL

Und der Gärtner schuf die *corbeille*

◆ Zur Anlage einer *corbeille* gestaltet man den
Gemüsegarten quadratisch und platziert die Obstbäume in regelmäßigen Abständen von sechs bis acht
Metern. Wenn die Bäume nicht zu viel Schatten werfen, können am Boden einjährige Würzpflanzen gesät
werden. Kräuter und Gemüse sind in der Regel bei
jedem Klima genügsam; es gilt lediglich, die angege-
benen Saatzeiten einzuhalten. Das Saatgut wird in
parallelen Reihen in einen nährstoffreichen, lockeren
Boden eingebracht. Düngen Sie mit Kompost oder
angereichertem Torf, und entfernen Sie Steine, Wurzeln und Erdklumpen. Sollte der Boden sehr lehmig
sein, mischen Sie etwas Flusssand darunter. Wenn die
Sämlinge zu dicht stehen, vereinzeln Sie sie frühzeitig,
um die Reihen zu lichten.

43

Garten von Fayum, Ägypten.
Bei der Anlage dieses Gartens unter Mitwirkung von Éric Ossart und Arnaud Maurières
orientierten sich die Schweizer Töpfer Michel Pastore und Évelyne Porret an den in der
Gegend üblichen Kulturformen.

Um 1850 wurde sie von einem Schotten namens Fortune, der auf der Suche nach neuen Teesorten war, in Europa eingeführt. Dank ihrer Widerstandsfähigkeit hat sie in sämtliche Gärten des französischen Westens und der Gegend um Paris Einzug gehalten. Zwar ist ihr Wuchs nicht so elegant wie der der *Phoenix*, doch können Exemplare unterschiedlicher Größe in Dreier-, Vierer- oder Fünfergruppen darüber hinwegtäuschen. »Erinnerungen an Sonne wie Knüppelschläge und Erde, die verdurstet ist, mit dieser vor Hitze erstarrten Besessenen, die inmitten roter Staubwirbel unbedingt grün bleiben will«, so lautet Alain Hervés Beschreibung der Dumpalme.[3] *Chamaerops humilis*, eine Zwergpalme aus dem Mittelmeerraum, übersteht auch kalte Winter, sofern sie im Trockenen steht. Sie begnügt sich durchaus mit einem Kübel. In nördlicheren Gegenden wird sie mit dem Orangenbaum kombiniert. Die Anpflanzung weiterer exotischer Palmen fällt eher in den Bereich vom Traum des Sammlers und verträgt sich schlecht mit dem Pragmatismus eines Gärtners. Eine Ausnahme allerdings gibt es: *Butia capitata*. Sie ist die einzige exotische Palme, die auch in unseren Klimazonen Früchte trägt. Bekommt sie viel Sonne und Wasser, bringt sie eine Steinfrucht hervor, die in Größe und Farbe an die Mirabelle erinnert und von ungewöhnlichem Geschmack ist. Um sie zu ernten, braucht man nicht den langen Stamm hinaufzuklettern: Die reifen Früchte fallen von allein zu Boden. Aufgrund ihrer Widerstandsfähigkeit kann die *Butia* auch in Gärten der Mittelmeer- und Atlantikküste kultiviert werden.

44

Villa Maria Serena, Menton.
Die beeindruckende Sammlung von Palmen und Palmfarn zeugt davon, wie intensiv man in den ersten, Ende letzten Jahrhunderts entstandenen Ferienhäusern an der Côte d'Azur die Akklimatisierung exotischer Pflanzen betrieb.

Paradiesgarten, Cordes-sur-Ciel (oben rechts).
Bananenstaude *(Musa basjoo)*.

Bananenstauden pflanzen

◆ Durch die Einführung der aus Asien stammenden Obstbanane *(Musa acuminata)* hat sich die Oasenlandschaft gewandelt. Die nicht selten riesigen Bananenkulturen, die man in Palmenhainen vorfindet, verströmen koloniales Flair. In Ägypten wurde vor der Obstbanane eine andere Sorte kultiviert, von der man, so heißt es, die Wurzeln verzehrte: *Ensete ventricosum.* Davon zeugen die Kapitelle in einigen ptolemäischen Tempeln. Glücklicherweise kann die ursprünglich in Japan beheimatete Faserbanane *Musa basjoo* auch in unseren Breiten überleben, sofern Fuß und Stamm umwickelt werden. Im Paradiesgarten von Cordes-sur-Ciel im französischen Département Tarn beschattet sie die Brunnen und bildet im Sommer breite Blätter aus. Sie kann sogar zur Blüte kommen. Doch sollte man nicht auf die Ernte setzen: Die Früchte eignen sich, manch einer Sehnsucht nach Exotik zum Trotz, nicht zum Verzehr.

45

Der Segen der Olivenbäume

Sieh, wie die Olivenbäume wogen.
Silbriges Glitzern überzieht ihre bleifarbenen Blätter.
Gleich einem Sternenmuster
zwischen zwei Wolkenschatten,
die die dunkle Nacht durchqueren.

AMÎN AR-RAYHÂNÎ *(Libanon, 20. Jahrhundert)*

Es kommt nicht von ungefähr, dass der Olivenbaum, der symbolhaft für die Wiege der Menschheit steht, rund um das Mittelmeer verbreitet ist; so sprechen Gärtner zur Kennzeichnung dieser Region auch vom »Olivenbaumklima«. Von diesem heiligsten aller Bäume ist in sämtlichen alten Texten die Rede. In der Bibel kündet er vom Ende der Sintflut: »Diese aber kam zu ihm zur Abendzeit und trug einen Ölzweig mit grünen Blättern in ihrem Schnabel; da bemerkte Noe, dass das Gewässer gewichen wäre von der Erde.« (Genesis, **8**, 11). Und der Koran bezeichnet ihn als gesegneten Baum: »(…) Die Lampe ist in einem Glas, das (so blank) ist, wie wenn es ein funkelnder Stern wäre. Sie brennt (mit Öl) von einem gesegneten Baum, einem Ölbaum, der weder im Osten noch im Westen steht (…)« (Koran, **24**–35). Da er Kälte besser verträgt als Zitrusfrüchte und Palmen, kommt er in den orientalischen Gärten am häufigsten vor. In Frankreich liegt die nördliche Grenze für den Olivenanbau bei Nyons im Département Drôme. Ohne Früchte zu tragen, wächst er jedoch auch in den gemäßigten Breiten im Südwesten Frankreichs. In Paris werden Olivenbäume in Gewächshäusern kultiviert; eine gelungene Akklimatisierung wird allerdings gefeiert. Dazu bietet der Olivenbaum im Übrigen noch weitere Anlässe: wenn er geschnitten wird, bei der Ernte der Früchte und beim Pressen des Öls. In den Ebenen des Mittelmeerraums ist der Olivenbaum das, was die Palme in den Oasen ist: ein rituelles Uhrwerk.
Der Olivenbaum benötigt sehr viel Licht für sein Wachstum; gleichzeitig symbolisiert er auch das mediterrane Licht. Jahrtausendelang hat er Öllampen und die Leuchttürme der großen Häfen mit Brennstoff versorgt, und seine Blätter reflektieren in silbriger Palette das Sonnenlicht wie das von einer Brise gekräuselte Wasser. Die zuvor zitierte Sure ist übrigens die des Lichts, *sûrat an-Nûr.* Ärzte berichten von den vielen Wohltaten des Olivenöls bei innerer wie äußerer Anwendung. Aus Marseille wird seit dem 19. Jahrhundert die beste Seife der Welt importiert: Nach syrischer Rezeptur besteht sie aus Olivenöl und Lorbeer. Seit der

Antike verwenden Geistliche aller Konfessionen Olivenöl für sakramentale Salbungen. Gleichermaßen aner-
kannt sind natürlich auch seine geschmacklichen Eigenschaften; die auf Olivenöl basierende Küche zieht eine
klare Grenze zwischen Norden und Süden. Man ist ver-
sucht zu glauben, dass sogar der Zungenschlag auf das
Öl zurückgeht … Kein Geschmack ist so verbreitet wie
der der Olive. Er begleitet sämtliche Gerichte der Mit-
telmeerküche, und es gibt so viele Varianten, wie es Olivenhaine gibt, wobei jeder von dem eigenen behauptet,
er sei der Beste. Unkontrollierte Migrationen und Kreu-
zungen sind natürlich nicht ausgeschlossen! Vermischt
man etwa Olivenöl mit Kapern und Anchovis, so erhält
man eine Tapenade, eine Paste, in der sich Landarbeit,

Fischfang und die Erzeugnisse aus Trockenmauergärten
vereinen. Das Schlusswort hierzu sei Lawrence Durrell
erteilt: »Das ganze Mittelmeer – Skulpturen, Palmen,
Goldschmuck, bärtige Helden, Wein, Anschauungen,
Schiffe, Mondschein, geflügelte Gorgonen, Bronzestatue,
Philosophen –, all das scheint in dem bitterherben Geschmack der schwarzen Olive zwischen den Zähnen zu
gipfeln. Dieser Geschmack ist älter als der von Fleisch
und Rotwein. So alt wie frisches Wasser.«[4] In Frankreich
ist der Olivenbaum durch ein altes napoleonisches Gesetz geschützt, das für jeden zu fällenden Baum eine
behördliche Genehmigung vorschreibt. Respekt wird
ihm auch heute noch zuteil: In der Praxis darf er zwar
umgepflanzt, nicht aber ganz entfernt werden.

Damit die Oliven reifen

◆ An der Côte d'Azur unterscheiden die Gärtner zwischen zwei Zuschnitten: Der eine dient der Zierde, der andere einer reichen Ernte. Als ob die Olivenhaine Spaniens, Italiens oder Griechenlands keine Zierde wären! Zögern Sie nicht, und entscheiden Sie sich für die zweite Variante, bei der die Mitte des Baumes frei geschnitten wird, damit die fruchtbaren Zweige vom Licht durchdrungen werden und so die Fruchtbildung unterstützt wird. Manche beschneiden die Zweigspitzen, andere setzen weiter unten an. Das hängt weniger von der Sorte ab als vielmehr von regionalen Gepflogenheiten.

◆ In Gewächshäusern ist der Olivenbaum sehr empfänglich für Schildläuse und wächst langsam. Ganz anders dagegen verhält es sich bei günstigem Freilandklima und guter Bewässerung. Hundertjährige Bäume umzupflanzen, die nur von kleinem Wuchs sind, lohnt die Mühe nicht. Pflanzen Sie schön geformte, junge Bäume, die mit dem restlichen Garten harmonieren.

49

Die Früchte des Paradieses

Denn es gibt keinen guten Baum, der schlechte Früchte bringt; noch einen schlechten Baum, der gute Früchte bringt. Ein jeder Baum wird an seinen Früchten erkannt. Man sammelt auch keine Feigen von Dörnern, und von der Hecke liest man keine Weintrauben.

LUKAS, 6, 43/44

Der *bustân* ist ein Obstgarten; folglich tragen seine Bäume Früchte. Auch wenn der Orangenbaum in heiligen Büchern nicht erwähnt ist (und das nicht von ungefähr, denn zum damaligen Zeitpunkt gab es ihn an diesen Orten der Offenbarung noch nicht), so hat er sich in den Höfen der Moscheen und schließlich in sämtlichen orientalischen Obstgärten doch durchgesetzt. Dattelpalme und Olivenbaum, allgegenwärtig in Bibel und Koran, definieren die ursprünglichen Grenzen der orientalischen Gärten. Diese grundlegende Trilogie wird durch einen weiteren Dreiklang ergänzt: Feigen-, Granatapfelbaum und Wein. Diese drei werden ebenso häufig erwähnt wie die drei vorher genannten Bäume; sie sind Gegenstand von Gleichnissen und dienen als Symbole, doch spielen sie für geografische und gesellschaftliche Zusammenhänge keine ganz so große Rolle.

Der Granatapfelbaum wächst im Schatten der Palmen, der Wein rankt an den Olivenbäumen empor, und der Feigenbaum besetzt die von den übrigen frei gelassenen Plätze: Sie sind Bestandteil des Gartens, nicht aber ein dominanter Teil der Landschaft.

Als robuste Gewächse sind der Wein und der Feigenbaum für orientalische Gärten der nördlichen Gefilde von Belang. Beide können, zur Sonnenseite hin, an Spalieren wachsen.

Der Granatapfelbaum gedeiht ausgezeichnet in Kübeln, muss im Winter jedoch frostgeschützt stehen.

Die Feigenbäume des Nordens

◆ Wählen Sie für Gegenden nördlich der Loire schnell wachsende Arten wie die 'Ronde de Bordeaux', die kleine violette und sehr süße Früchte trägt, oder aber die 'Pissalutte' mit ihren blassgrünen, großen und sehr saftigen Früchten.

51

Oase Tozeur, Tunesien.
Granatapfelbäume bilden dichte Hecken zwischen den Anbauflächen.

Eine sonnige Weinlaube

*Wir tranken zum Gedenken an den Vielgeliebten
einen Wein, mit dem wir uns berauschten,
noch bevor es Reben gab.*

'UMAR IBN AL-FARÎD, *Le Vin mystique*
(Ägypten, 12. Jahrhundert)

Von der Hochzeit zu Kana bis hin zum Gleichnis vom Rebstock besitzen Weinrebe und Wein in den Evangelien hohe Symbolkraft. Auch die Sufi-Dichter äußern sich ausführlich über den Wein, doch zwischen mystischer Trunkenheit und einer tatsächlichen Vorliebe für das Getränk zu unterscheiden, fällt dem ungeübten Leser oft schwer!

»Und (wir geben euch) von den Früchten der Palmen und Weinstöcke (zu trinken), woraus ihr euch einen Rauschtrank macht, und (außerdem) schönen Unterhalt.« (16–67) ... Der Koran selbst bringt keine Klarheit in der Sache; auch wenn diese Sure das Verbot des Alkoholgenusses nicht verhindern konnte, gehen doch die Darstellungen der Weinrebe durch muslimische Künstler auf sie zurück. So zählen Weinranke und Pergola zu den am meisten dargestellten dekorativen Elementen seit der Antike.

Im *bustân* ist die Pergola eine weinumrankte Laube. Sie dient als strukturierendes Element des Gartens und überdacht, Schatten spendend, eine Allee oder eine Terrasse. Es gibt zahlreiche Weinsorten, von denen die meisten auch ein raueres Klima tolerieren, sofern sie sonnig und auf gut drainiertem Boden stehen. Wein verträgt sich nicht mit anderen Dauerrankgewächsen, wohl aber mit einjährigen Kletterpflanzen wie Winde oder Wicke.

52

Damit der Wein Früchte trägt

◆ Wählen Sie Tafelweinsorten entsprechend der gewünschten Reifezeit.
'Perle von Czaba' als die früheste Rebsorte ist bereits Anfang August pflückreif, 'Weißer Gutedel' im September, 'Muscat d'Alexandrie' oder 'Dattier de Beyrouth' werden im November geerntet. Die zuletzt genannten Sorten eignen sich nicht für Gegenden mit frühen Nachtfrösten, weil sie dann nicht ausreifen können.

◆ Lassen Sie pro Stock nur ein oder zwei Haupttriebe stehen, die Sie an ein Wandspalier oder eine Pergola binden. Schneiden Sie die Rebstöcke im Frühjahr, und lassen Sie nur zwei oder drei Augen je Seitentrieb stehen. Treffen Sie Vorsorge gegen Pilzbefall (Grauschimmel oder Mehltau, der auf den Blättern einen weißen Belag bildet), indem Sie Schwefelpräparate einsetzen. Da schwache Pflanzen bevorzugt befallen werden, sind regelmäßige Bodenbearbeitung und luftiger Stand wichtig, Überdüngung ist zu vermeiden.

Albaicín, Granada (oben).
Weinspalier an einem Landhaus.

Garten des Alchimisten, Eygalières-en-Provence (rechts).
Gutedel und Trichterwinde.

Im Schatten der Feigenbäume

*Dann sitzt ein jeglicher unter seinem Weinstock und
Feigenbaum, und es wird niemand ihn stören [...].*

MICHÄAS (**4**, 4)

In der gesamten mittelalterlichen Ikonografie und Bildhauerkunst teilen sich das Blatt von Feigenbaum und
Weinstock die Ehre, Adams Männlichkeit vor unseren
keuschen Blicken zu verbergen. Manche halten die
Feige für die verbotene Frucht. Es stimmt, dass die
Feige an den orientalischen Küsten des Mittelmeers
häufiger vorkommt als der Apfel, und folgt man dem
Gesetz der Analogie, so spricht alles für die erst-
genannte Frucht … Doch damit wollen wir diese
Kontroverse auf sich beruhen lassen und uns wieder
dem *bustân* zuwenden.

Der Feigenbaum ist kostbar, denn er wächst dort, wo
kein anderer Baum gedeiht. Er verträgt sämtliche Böden, hat allerdings eine Vorliebe für Schutt und sehr
trockenes Gelände. In weiten Teilen Frankreichs samt
er sich spontan aus. Im Garten von Fournials sind
sämtliche Feigenbäume (und es sind viele an der Zahl!)
von selbst gewachsen. Der Baum trägt nur unter voller
Sonneneinwirkung Früchte, gedeiht aber auch in ausgesprochen schattigen Winkeln und dunklen Ecken. Aufgrund seines natürlichen Wuchses ist er als Sonnen-
schutz geradezu prädestiniert.

Er kann neben ein Fenster gesetzt werden, wo er im
Sommer für Schatten sorgt. Wenn die Blätter gefallen
sind, gelangt die Wintersonne durch die kahlen Zweige, die das Licht großzügig passieren lassen.

Der Feigenbaum braucht keine besondere Behandlung;
der Schnitt erfolgt gemäß der Form, die der Gärtner
ihm zu verleihen gedenkt, doch ist die Gartenschere
zur Steigerung der Fruchtbarkeit überflüssig. Der
schnell wachsende Baum lässt sich wie Wein am Spalier
ziehen und wird dann häufig geschnitten, damit die
Leitzweige herangezogen werden können.

Feigen-Confit

◆ Verlassen wir kurz den Garten und begeben uns
auf einen Abstecher in die Küche: Feigen sind eine
gute Ergänzung zu weißem Fleisch und geräuchertem
Schinken. Sie lassen sich zu köstlichen Desserts und
Konfitüren verarbeiten. Im eigenen Saft gekocht
schmecken sie vielleicht am allerbesten. Pflücken Sie
am Abend eine Schale sehr reife Feigen. Bestreuen Sie
sie mit Kristallzucker und lassen Sie sie über Nacht
stehen. Am darauf folgenden Morgen kochen Sie sie in
einem Kupfertopf mindestens zwei Stunden bei nied-
rigster Temperatur (bei einer größeren Menge Feigen
länger); nach dem ersten Aufkochen geben Sie ein
paar Anissterne hinzu. Abkühlen und abtropfen lassen.
Mit Wasser verdünnt, ergibt der aufgefangene Sirup
ein ausgezeichnetes, durstlöschendes Getränk. Die im
eigenen Saft eingekochten Feigen werden mit im
Mörser zerstoßenem Anis bestreut. Ein Hochgenuss!

55

Paradiesgarten, Cordes-sur-Ciel (links).
Etwa zehn verschiedene Feigenarten werden an einem
sonnigen Hang angebaut.

Casa de Pilatos, Sevilla (oben).
Ein riesiger Feigenbaum.

Alcázar, Sevilla.
Die an kostbare Seide erinnernde Farbe der Granatapfelblüten ist eine Seltenheit im Pflanzenreich.
In diesem Garten trägt sie der Wind von den zahlreichen Granatapfelbäumen in die Brunnen.

Der Traum des Granatapfels

*Die Blüten des Granatapfelbaums öffnen sich
auf blassgolden geschminkten Wangen.
Schönheit, aus Myrtenflaum, hat sie gestickt.*

SCHIHÂB AD-DÎN AL-AZÂZÎ *(Spanien, 12. Jahrhundert)*

Der Traum des Granatapfels ist es, dem Juwelier zu begegnen, der für jeden einzelnen seiner unzähligen Samen eine Fassung schafft. Sowohl die scharlachrote Farbe der Blüte als auch die Schönheit der Frucht verleihen dem Granatapfelbaum eine besondere Stellung, die in der universellen Symbolik und in der Kunst ihren Ausdruck findet. Dafür gibt es zahlreiche Beispiele, und nicht zuletzt steht die Stadt, deren Name auf die Frucht zurückgeht, ganz im Zeichen des Palastes und der Gärten der Alhambra, dem Inbegriff mythischer Gärten. Alhambra, *al-hamrâ*, die Rote – nach der Farbe der Befestigungsmauern und der Frucht.

Im *bustân* ist der Granatapfelbaum der Gefährte der Orangenbäume, doch verträgt er Trockenheit besser: In Ägypten findet man zuweilen Granatapfelbäume am Rande von Oasen, wo Dattelkerne nicht mehr keimen. Wenn die Früchte aufplatzen, bevor sie reif sind, hat der Baum zu viel Wasser bekommen. Als Kübelpflanze, die sporadisch gegossen wird, gedeiht er prächtig. Der Granatapfelbaum verliert im Winter seine Blätter. Er muss frostsicher stehen, mehrere Wochen an einem lichtarmen Ort dagegen übersteht er schadlos. Sobald die Blätter sprießen, braucht er allerdings viel Sonne, um zu blühen.

Paradiesische Genüsse

◆ Um einer häufigen gastronomischen Fehleinschätzung vorzubeugen, sei darauf hingewiesen, dass es sich bei Grenadine nicht um Granatapfelsirup handelt, sondern vielmehr um ein Getränk auf der Basis roter Früchte, das in der Farbe an den Granatapfel erinnert. Dessen Saft schmeckt allerdings ausgezeichnet. Er wird in Syrien viel verwendet, wo man Oliven und Auberginen, gefüllt mit in Granatapfelsaft marinierten Nüssen, verkosten kann. Wie im Orient »muss jeder Granatapfel Kern für Kern verspeist werden, Rubin für Rubin, ohne dass auch nur einer verloren geht, denn darunter ist einer, der aus dem Paradies stammt« (Salah Stétié[5]).

◆ Vom Granatapfelbaum gibt es viele Ziervarietäten: Zwergformen, Sorten mit weißen oder mit gefüllten Blüten. Letztere tragen keine Früchte. Wenn man tatsächlich ernten will, nehme man bevorzugt fruchtbare Sorten, so beispielsweise 'Provence'.

57

Wortwörtlich bedeutet *gulistân* »Rosengarten«. Es ist der Titel des zweiten Teils der mystischen Texte des persischen Sufi Saadi. Der *gulistân* ist offenkundig der Garten, in dem sämtliche Sinne zu ihrem Recht kommen. Der Garten ist der irdische Spiegel des himmlischen Paradieses. Alles verströmt Zufriedenheit. Im *gulistân* wird dem subtilsten unserer Sinne am meisten gehuldigt: dem Geruchssinn. Wer aber nicht sensibel ist und den Duft der Blumen nicht kennt, dem bleibt dieser Garten verschlossen. Im Überschwang des Daseins treffen Irdisches und Göttliches aufeinander. Wenn alle belanglosen materiellen Begehren befriedigt sind, macht sich der Mensch in seinem Garten auf die Suche nach anderen Freuden, anderen Empfindungen, die ihn dem Göttlichen näher bringen. So ist auch der Duft ein Schlüssel zur Glückseligkeit.

Die Gestaltung des *gulistân* ist eine getreue Umsetzung der heiligen Texte: ein Brunnen oder ein Wasserbecken in der Mitte eines Quadrats, das von Mauern oder Hecken umschlossen und in gleich große Viertel geteilt ist. Der Garten ist voller Symbole, und die Daseinsberechtigung einer jeden Pflanze, eines jeden Gewässers beruht auf dem religiösen Bezug. Es gibt eine Art Verzeichnis der in der Bibel, im Koran und bei den großen Mystikern zitierten Pflanzen, die gemeinsam das Vokabular des Gestalters orientalischer Gärten bilden.

Der *gulistân* ist wie der Garten Eden: Er kommt ohne jegliche Bauten aus, er genügt sich selbst und wird, ohne Rücksicht auf vorhandene Baustile, rund um die zentrale Wasserstelle angelegt. Als vollendeter Ziergarten befindet er sich jedoch in der Nähe des Wohnhauses und kann von den Fenstern oder Galerien aus eingesehen werden. Ist das Haus weiter weg, wird in der Mitte des Gartens oder im zentralen Bereich ein Pavillon errichtet. Im Vergleich zum *bustân,* dessen Verlagerung in Gegenden mit weniger mildem Klima als dem rund um das Mittelmeer oder in Oasen herrschenden eher zufallsbedingt ist, hat der *gulistân* die Gärtner der abendländischen Renaissance stärker inspiriert. Zahlreiche Gärten, die nach dem Abzug der Muslime aus Europa entstanden sind, haben sich unter Berufung auf biblische Vorgaben Grundriss und Zusammensetzung des arabisch-andalusischen Gartens zu Eigen gemacht, so etwa in Italien, Spanien und schließlich in Frankreich. Im Albaicín von Granada ist es zu einer Überlagerung von klassischen und mittelalterlichen Gärten gekommen, und es lässt sich heute nicht mehr mit Sicherheit feststellen, was im Einzelnen der ursprünglichen Struktur entstammt. Die Geschichte geht weiter, und bei der zeitgenössischen Gestaltung greift man gern auf diese alten Quellen zurück, um Gärten zu erschaffen, in denen man genussvoll verweilen kann ... Sprudelndes Wasser, das die Spiegelbilder verschwimmen lässt, duftende, farbenprächtige Blumen, umherfliegende Tauben – das ist das Wesen des *gulistân*.

Der sanfte Hauch der Brise
wird seinen Moschusduft erneut verbreiten;

Die alte Welt wird, auf ein Neues, ihre Jugend wiederfinden.
Der Judasbaum wird dem Jasmin seinen Purpurkelch darreichen,

Während das Auge der Narzisse die Anemone betrachtet.
Nach dem langen Schmerz des Fernseins
wird sich die Nachtigall

Mit einem Aufschrei aufschwingen
zum Zelt der Rose.

HÂFIS *(Persien, 14. Jahrhundert)*

Der *gulistân,*

GARTEN DER DÜFTE UND FARBEN

»Diese Pavillons, zu denen die Blicke der Schönen wandern«

*Von dem Punkt aus, an dem sich der Beobachter befindet in diesem zentralen Pavillon des Gartens,
von wo aus er, nicht ohne ihm auch Gehör zu schenken, den kurzen Wasserstrahl stürzen und plätschern hört,
hat er auf das Gleichgewicht der Welt geschaut.*

SALAH STÉTIÉ, *Lumière sur lumière, 1992*

Über den Gartenpavillon ließe sich sagen, dass er
nichts ist als ein Ort zum Schauen. Die Architektur ist
dafür geschaffen, zu sehen und gesehen zu werden,
auch wenn die äußere Gestaltung nicht ohne Bedeutung ist und mit dem Garten in Einklang stehen soll.
Dieser nach außen hin orientierte Entwurf ist dem
menzeh zu Eigen, dem Gegenstück zum *riyâd*, der genau
umgekehrt konzipiert ist.

Der Pavillon kann in einem Seitenteil des Gartens stehen und als Blickfang dienen, sodass man auf das
Ende einer der vier Alleen schaut. In dem Fall besteht
sein Mobiliar einzig aus einer Bank, die den Blick des
sich auf ihr ausruhenden Spaziergängers wiederum auf
die Gartenmitte hin lenkt.

Er kann jedoch auch das Zentrum des Gartens bilden
und den Hauptbrunnen überdachen. Von vier Bänken
aus ist der Blick auf die Quelle der vier Zuflüsse gerichtet.

Die vier Seiten des *menzeh* sind vollständig offen oder
aber mit Türen und Fenstern versehen, die das Licht
von außen hereinlassen.

Alcázar, Sevilla.
Dieser Pavillon wurde von den christlichen Königen auf dem Grundriss der traditionellen
arabischen Bauten errichtet (rechts).
Der stets kühle Raum schirmt einen Springbrunnen und Keramikbänke vor der Sonne ab.

Die Architektur eines *menzeh* ist so schlicht, dass man sagen könnte, er verkörpert die Essenz des Weglassens. »Sie können ihn inmitten seiner Zypressen von einer Treppe am anderen Ende des von ihm dominierten Wasserspiegels aus bewundern oder ihn vom Garten kommend entdecken, dieser Pavillon ruft stets Bilder von Muße und Genuss wach«, so schreibt H. Dugard.[1] Der Pavillon ist aus Ziegelstein, Stein oder Ton errichtet und meistens aus demselben Material wie die Umfriedungsmauer und der Boden der Alleen. Quadrate aus lasiertem Ton, in Nordafrika *zellige,* in Spanien Azulejo genannt, zieren Bänke und Brunnen. Die Fenster bestehen aus einem schmiedeeisernen oder einem ornamentierten hölzernen Gitter, dem *muschrabîya.*
Anlässlich von Festen, wenn Tee getrunken oder die Wasserpfeife geraucht wird, liegen Kissen auf den Bänken, die Kupfertabletts stehen auf hölzernen Dreifüßen, und der Boden ist mit Teppichen ausgelegt. Es werden auch Kännchen mit Rosen- oder Orangenblütenwasser

62

herbeigetragen, Keramik- oder Metallschüsseln, gefüllt mit Gebäck, frischer Minze oder Beifuß, die Teekanne, Gläser, Zuckerbrot samt dem Hämmerchen, mit dem es abgeschlagen wird. Der Gastgeber oder einer der Gäste begleitet das Mahl mit seinem Leierspiel. All diese Elemente sind fester Bestandteil des Gartens.

Die Bauart von gestern, die Baukunst von heute

Einer der charakteristischsten Pavillons ist der vom Alcázar in Sevilla, der im 16. Jahrhundert unter Karl V. errichtet wurde.
Die Architektur ist nüchtern: weiße Mauern, dunkelgrün lackierte Ziegeldächer. Ein einziger Raum, eine einzige, flügellose Tür, drei Fenster mit schmiedeeisernen Gittern und Fensterläden auf der Innenseite. Aus einem Fenster sieht man auf ein Wasserbecken, aus dem anderen auf

Garten von Fournials, Frankreich.
Die traditionelle Bestimmung blieb in diesem von Arnaud Maurières und Éric Ossart entworfenen, zeitgenössischen *menzeh* erhalten: Rund um einen Springbrunnen angelegt (oben) und durch ein schmales Fenster erhellt (rechts oben), ist er Bestandteil der Gartenarchitektur und Ort des genussvollen Verweilens.

eine breite Allee, die zu weiteren Gärten führt, aus dem dritten auf eine Baumgruppe aus Granatapfelbäumen und Pfeifensträuchern. In der Mitte des *menzeh* ist ein einstrahliger Springbrunnen in den Boden eingelassen. Von vier Eckbänken aus kann man beobachten, wie das Licht die Wasserspritzer auf dem Terrakottaboden zum Funkeln bringt. Mauern und Bänke sind mit Azulejos in auffälligen Emaillemustern bedeckt.

Der *menzeh* im Garten von Fayum befindet sich oberhalb des Gartens auf dem Flachdach eines Gebäudes, dessen Öffnungen allesamt auf einen *riyâd* auf der anderen Seite des Gartens gerichtet sind. Die Holzfenster und die nach *muschrabîya*-Art gefertigten Fenster des Pavillons dienen einzig dazu, den Ausblick zu rahmen und den Blick auf die markanten Merkmale der Landschaft oder den unterhalb vom *menzeh* gelegenen Garten zu lenken.

Der Pavillon im Garten von Fournials besteht aus verputztem Stein und ist farbig gestrichen; die Ziegelsteinfenster im Stil eines *muschrabîya* sind nach einem Prinzip gefertigt, auf dem im französischen Katalonien und in ganz Spanien die Belüftung von Scheunen und Speichern beruht. Mit Hilfe dieser Technik werden großformatige, durchbrochene Steinkonstruktionen vor die Fensteröffnungen gesetzt. Im Sommer, wenn die Sonne senkrecht steht, bieten die Steine Schatten, so-

dass es im Pavillon kühl bleibt. Im Winter fallen die Strahlen der niedrig stehenden Sonne durch die Öffnungen und erwärmen den Raum. Nicht selten, so auch in den beiden hier erwähnten Gärten, steht der *menzeh* nicht einzeln, sondern schließt sich an das Hauptgebäude an. Er bildet den Übergang zwischen Haus und Garten, ein Refugium für Tage, an denen es regnet oder große Hitze herrscht. So ist es auch im Garten der Frauen im Palast Dar Bahia in Marrakesch oder in der Casa de Pilatos in Sevilla. In nördlicheren Gärten sind die Orangerien an die Stelle der Pavillons getreten, in denen im Sommer vom Schachspiel bis hin zu diversen Ballspielen so manch eine Partie ausgetragen wird und wo nicht frostfeste Pflanzen überwintern.

63

Garten von Fayum, Ägypten.
Dieser eher traditionelle *menzeh* steht auf einer Terrasse und bietet den Blick über den Garten.

Jene Brunnen, auf denen die Vögel sich niederlassen

Gestern ging ich, wegen meiner Leidenschaft für dich,
verwirrt in den Rosengarten, mit zerrissenen Kleidern
wie die Blumen in aller Frühlingspracht,
ohne dich haben meine Augen nichts gesehen,
außer dem Wasser, das fließt.

DSCHALÂL-AD-DÎN RÛMÎ *(Persien, 13. Jahrhundert)*

Spiegel der Ewigkeit

Paradiesische Gärten ohne Wasser gibt es nicht. Wasser ist lebensnotwendig für die Oasen, und es ist unverzichtbar, um die Beziehung zwischen *gulistân* und Ewigkeit zu symbolisieren. Die Quelle: ewiger Neubeginn. Das Wasserbecken: Spiegelbild einer künftigen, himmlischen Bleibe. Wenn die Welt, in der wir leben, nur ein Widerschein des uns verheißenen Paradieses ist, dann ist der Widerschein unserer Welt das Paradies: der Spiegel des Spiegels. Das Becken in der Mitte des Gartens symbolisiert also das Tor zum Garten Eden.
In dem unerschöpflichen Buch *Lumière sur lumière* zitiert Salah Stétié zwei Aussprüche aus nichtislamischen Kulturkreisen, die diese Betrachtungsweise bestätigen. So sagt der heilige Paulus: »Jetzt sehen wir durch einen Spiegel rätselhaft; alsdann aber von Angesicht zu Angesicht.« Und eine tibetanische Weisheit lautet: »Das Paradies ist im Auge desjenigen, der es betrachtet.«
Der Garten allen Ursprungs entspricht genau dieser Darstellung. Eine Quelle speist ein rechteckiges Becken.

64

Paradiesgarten, Cordes-sur-Ciel.
Die Idee stammt vom Gartenfestival in Chaumont-sur-Loire: Einige Blecheimer erinnern an die ursprüngliche Bestimmung dieses Brunnens als Waschbecken.

Das Wasser ist in Stein oder Ziegelstein gebettet, und manchmal beleben einige Kübelpflanzen diese Komposition, die heute als minimalistisch bezeichnet würde. Mikrokosmisch wäre richtiger, denn die Ewigkeit ist es, mehr noch als die Welt, die dargestellt wird.

In Granada reflektieren die großen Spiegel im Palast der Alhambra wie auch die kleineren in manchen mittelalterlichen Gebäuden des Albaicín die verzierten Fassaden und Arkaden, und diese Reflexionen werden häufiger im Bild festgehalten als die Gebäude selbst. Alles, was über den Umweg des Wassers wahrgenommen wird, scheint viel reizvoller zu sein als das, was sich dem Auge unmittelbar darbietet.

In mehreren Gärten des Partal im selben Palast teilt sich die Quelle in zwei Kanäle, die den Spiegel buchstäblich rahmen, bevor sie ihn über eine Abflussrinne auf der der Quelle gegenüberliegenden Seite versorgen. Ein kurzer Augenblick zwischen zwei Ewigkeiten: Möglicherweise sind diese Kanäle ein Symbol für das Leben. Der Spiegel scheint ein wesentliches Element im orientalischen Garten zu sein, und wenn man sich unter diesem Gesichtspunkt erneut dem *bustân* zuwendet, stellt man fest, dass die Wasserspeicher auch hier die Funktion von Spiegeln haben. Als im Garten von Menara in Marrakesch im 19. Jahrhundert die Olivenbäume wieder angebaut wurden, ließ der damalige alawitische Sultan auf einer Seite des großen mittelalterlichen Wasserbeckens einen Pavillon errichten, der sich im Wasser spiegeln sollte wie die schneebedeckten Gipfel des Atlasgebirges.

Das Wasserbecken hat also eine doppelte Funktion: Im *bustân* ist es ein Speicher, im *gulistân* ein Spiegel. Und wenn die Kanäle im erstgenannten Garten der Bewässerung dienen, so symbolisieren sie im zuletzt genannten die Flüsse des Paradieses. Das Wesen des Gartens ergibt sich folglich weniger aus seiner Anlage als vielmehr aus seiner Funktion. Der *bustân* ist ein Nutz-, der *gulistân* ein Ziergarten. Diese Unterscheidung kommt auch in dem Verhältnis von Architektur und der Art der Vegetation zum Ausdruck.

67

Palast der Alhambra, Granada.
Die Gärten des Partal sind die authentischsten Beispiele für arabische Patios des Mittelalters.

Spiegel im Garten

Im Garten von Dar Batha in Fes, den der französische Landschaftsarchitekt Forestier 1914 neu gestaltete, wird jede Fassade in einem kleinen Spiegel auf einer Terrasse reflektiert, von der aus man auf den abgesenkten, nach *schahar-bagh*-Manier viergeteilten Garten schaut. Der Tradition entsprechend erfüllt das Wasser zunächst seinen ästhetischen Zweck, bevor es in die Bewässerungskanäle geleitet wird.

Bei der Gestaltung des Paradiesgartens für das Festival von Chaumont-sur-Loire haben wir mit dem libanesischen Künstler Éthel Adnan zusammengearbeitet, damit der Garten ganz der orientalischen Tradition entspricht. Ein kreuzförmiger Kanal teilt den Garten in vier Teile. Ein Arm des Kreuzes stellt die Verbindung zu einem rechteckigen Spiegel her; er ist in einen Blumenteppich eingebettet, den er reflektiert.

Spiegelbrechungen durch Wasserspiele

> *Durch den großen, verzierten Torbogen fällt mein Blick auf den Löwenhof, der in der ganzen Pracht seiner sonnenbeschienenen Kolonnade und seiner glitzernden Fontänen erstrahlt (...). Dort wurde im Beisein von Ferdinand und Isabelle sowie des triumphierenden Hofes anlässlich der Einnahme der Alhambra ein feierliches Hochamt begangen.*
>
> W. IRVING, *Geschichten der Alhambra*, 1832

Wasserspiele fanden erst zu einem späteren Zeitpunkt Eingang in die Anlage des *gulistân*. Sehr bildhaft gesprochen könnte man sagen, dass das Wasserspiel der Christen den Spiegel der Moslems gebrochen hat. Häufig heißt es, die Wasserspiele im Generalife (etymologisch »die Exzellenz des Gartens«) seien durch die »sehr christlichen Könige« eingeführt worden. In Wirklichkeit aber sind sie sehr viel jünger: Erst im

Einen Wasserspiegel bauen

◆ Der Bau eines Wasserspiegels ist denkbar einfach: Man hebt eine rechteckige Fläche von 1,50 m Breite, 4,50 m Länge und 30 cm Tiefe aus. Ringsum wird ein etwa 15 cm tiefer Graben gezogen, den man 5 bis 6 cm hoch mit Kieselsteinen füllt. Auf dieses Kieselsteinbett wird ein Eisengitter gelegt und der Graben bis zum Rand mit Beton zugeschüttet. Sobald das Fundament getrocknet ist, verlegt man auf der Oberkante eine Reihe Leichtbausteine. Auf den Grund des Wasserbeckens kommt eine mehrere Zentimeter hohe Sandschicht, die mit einer 2 mm dicken Folie bedeckt wird, welche über die Leichtbausteine hinaus reicht. Der Rand wird mit Ziegelsteinen verkleidet, die die Folie verdecken. Das Wasser muss bis an den Rand der Steine reichen. Der Spiegel kann auch komplett ausgemauert und zur Abdichtung mit einem stark zementhaltigen Putz (600 kg/m³ Sand) verkleidet werden.

◆ Damit das Wasser stets sauber ist, müssen darin schwimmende Blätter regelmäßig entfernt werden. Verwenden Sie Chlortabletten, die man auch für Schwimmbecken nimmt.

◆ Wenn es sich um einen größeren Spiegel handelt, kann man zur Reinigung des Wassers ein geschlossenes Filtersystem einbauen. Dabei ist zu beachten, dass die Speicherung des Wassers auf einer großen Fläche weniger problematisch ist als in großer Tiefe.

La Casella, Département Alpes-Maritimes, Frankreich.
Das Rosmarinbecken ist eine zeitgenössische Interpretation der Wasserbecken des Generalife in Granada. Dank der Pfirsichblüte, der Zypressen und des Rosmarins ist es auch im Winter sehr reizvoll.

Garten von Fournials, Frankreich.
Der Wasserspiegel.

Das Wunder der Elektrizität

◆ Wenn die alten Techniken noch große Höhenunter-
schiede voraussetzten, damit das Wasser durch die
Schwerkraft als kräftiger Strahl aus den Leitungen an
die Oberfläche gepresst wurde, so hat die Elektrizität –
die auch im Garten Wunder bewirkt – einen radikalen
Wandel herbeigeführt. Dank der Wasserpumpen
lassen sich überall Fontänen einrichten.

◆ Mehrstrahlige Fontänen erhält man, indem man
rings um das Becken ein Kupfer- oder Kunststoffrohr
verlegt und dessen Ende verschließt. Das Wasser spru-
delt aus den Seitendüsen, die man zuvor in regelmäßigen Abständen voneinander angebracht hat. Am
schwierigsten ist ein gleichmäßiger Strahl. Er wird mit
Hähnen an sämtlichen Seitendüsen erreicht, mit
denen die Pumpleistung reguliert werden kann.

◆ Belassen Sie es bei einer überschaubaren Anzahl
von Fontänen, denn je zahlreicher diese sind, desto
stärker muss der Ausgangsdruck (und folglich die
Pumpe) sein und desto schwieriger ist auch die Regu-
lierung der gesamten Anlage.

19. Jahrhundert wurden die berühmten Patios de la
Acequia und de la Sultana geschaffen. Der große Kanal
am Eingang und die dazugehörigen umfriedeten Gärten wurden 1951 von dem Architekten Prieto-Moreno
entworfen. Manche Gebäude sind natürlich älteren
Datums … Nach dem großen Brand von 1958 allerdings blicken heute tatsächlich nur noch wenige ursprüngliche Elemente auf die Patios und den Hügel
des Albaicín. Die Höfe der Alhambra sind älter, und
die kürzlich restaurierten Reste des Partal sind die
authentischsten Bestandteile; Wasserspiele gab es damals noch nicht.

Unsere Vorstellung und unsere Gärten sind von diesen
Ursprüngen wie auch von einer Geschichte und einer
Exotik geprägt, die mit der Wirklichkeit wenig zu tun
haben. Das ist der Beweis – sofern es eines solchen
bedarf – für die Beständigkeit und Vielseitigkeit (was
zumindest für den Mittelmeerraum gilt) dieser Bauart
von Gärten, dieses Abbilds vom Paradies, wie es erst-
malig in der Genesis auftaucht, aus der dann der neue
Bund der Christen und die Offenbarung des Koran
hervorgingen. Und wie viele Troubadoure, Dichter und
Maler haben uns seither in Kenntnis und in die Lage
versetzt, heute wie gestern Lustgärten wie diese zu
gestalten!

Wenn das Wasser sprudelt

Wasserspiele sind also, wie Spiegel und Kanäle auch,
zu einem festen Bestandteil des *gulistân* geworden. Doch
erfüllen sie eher eine dekorative denn eine symbolische
Funktion. Fontänen sind klangvoller als das Plätschern
der Quelle und reizvoll für den Gehörsinn. Sie treten
an die Stelle der Musiker und sind beim Spazieren-
gehen eine stete Belebung. Manchmal sind sie auch
ohrenbetäubend laut, so etwa im Patio de la Sultana im
Generalife, wo man sich wegen des Lärms der Fontänen nur schreiend Gehör verschaffen kann. Der aus
Aix-en-Provence stammende Architekt Jean-Paul

Generalife, Granada.
Die meisten Gärten des Generalife entstanden im 19. und beginnenden
20. Jahrhundert dort, wo einst die mittelalterlichen arabischen Gärten lagen.

Bernard hat diese andalusischen Springbrunnen in den Innenhof eines Hotels übertragen, um so der Lärmbelästigung durch eine unmittelbar vor dem Gebäude verlaufende Straße zu begegnen!

Vogeltränken

>»Die Ente kam ängstlich aus dem Wasser; sie begab sich zur Versammlung der Vögel, in ihr schönstes Kleid gehüllt, und sprach: ›In den beiden Welten hat nie jemand von einer hübschen Kreatur gesprochen, die reiner wäre als ich. Regelmäßig und zu jeder Zeit leiste ich Abbitte; und ich breite den Gebetsteppich auf dem Wasser aus. (…)‹«
>
> FARÎD-AD-DÎN ʿATTÂR, Vogelgespräche (Persien, 12. Jahrhundert)

Auf seinem Weg durch den *gulistân* wird der Spaziergänger vom Klang der Fontänen und dem Gesang der Vögel begleitet, wobei Letztere, die ewigen und heiligen Gäste des Paradieses, vom Wasser angezogen werden. In der sufistischen Mystik ist die Vogelsymbolik von außerordentlicher Bedeutung, wie die Vogelgespräche des großen persischen Mystikers ʿAttâr beweisen. Von ihnen ließ sich Raschid Koreischi, ein zeitgenössischer algerischer Bildhauer, bei der Gestaltung der Keramiken im Paradiesgarten von Chaumont-sur-Loire (1998) inspirieren. In diesem *gulistân*, der eine naturgetreue Abbildung des Paradiesgartens sein sollte, nehmen die Vögel einen besonderen Platz ein. So befindet sich an jedem Kreuzpunkt im Raster der Blumenteppiche eine Keramikskulptur, in der sich Regenwasser sammelt. Auf der Innenseite der Schalen, aus der die Vögel trinken, hat Koreischi den arabischen Text von ʿAttâr verewigt, ein fabelhaftes Märchen von den Ursprüngen, deren Helden Vögel sind. Um dem verschlüsselten Charakter des Textes zu entsprechen, hat er ihn in Spiegelschrift eingraviert …

71

Gartenfestival von Chaumont-sur-Loire, 1998.
Die von dem Töpfer Patrick Galtier geschaffenen und von dem algerischen Bildhauer Raschid Koreischi verzierten Vogeltränken gliedern den von Éric Ossart und Arnaud Maurières entworfenen Garten. Damit der Text ʿAttârs nicht ausbleicht, wurde er nach einem ersten Brennvorgang mithilfe eines dunklen Metalloxids in den Ton geätzt, bevor dieser zur endgültigen Fixierung ein zweites Mal gebrannt wurde.

Bäume, die den Garten gestalten

Jedes von seiner Herkunft her geheiligte Holz
muss unbedingt zweifelsfrei bestimmt werden;
die Geografen des heiligen Raumes,
die Vermesser des metaphysischen Ortes,
die Baumeister des Ontologischen
haben seit jeher darauf hingewiesen.

SALAH STÉTIÉ, *Lumière sur lumière,* 1992

Wohl lässt die Übertragung heiliger Texte, die Symbolik des Wassers – Quelle, Kanäle und Spiegel – oder die Platzierung des Pavillons den *gulistân* mit einer Genauigkeit entstehen, wie sie den »Vermessern des metaphysischen Ortes« anstünde, doch ziehen wir Gärtner, die wir die wenigen vorgegebenen Maurerarbeiten keineswegs verachten, die Grenzen des Gartens lieber in Grün. Damit jeder diese Grenzen mit dem Auge wahrnehme; damit der Spaziergänger seinen Fuß auf gekennzeichnete Wege setze; damit die Blätter, die der Verliebte in Erwartung seiner Angebeteten aneinander reibt, den Duft freigeben, der heute sein Warten und morgen seine Erinnerung prägt; damit der Garten Form annehme. Tradition und Geschichte haben ein schier unerschöpfliches Repertoire geheiligter oder vielmehr symbolischer Pflanzen hervorgebracht. Denn nicht nur die Religion, sondern auch die Mythologie, die Medizin oder der Volksglaube haben ihren Anteil an der Flora der Paradiesgärten. Man muss in den ersten Apriltagen in den Gärten Andalusiens spazieren gehen, wenn die Sonne die noch zarten Triebe und die jungen Blätter der immergrünen Gewächse erwärmt, will man den Duft des Waldes einatmen, den die Zypressen verströmen, den etwas herberen Buchsbaum oder die zitronige Myrte riechen, den kampferartigen Lorbeer oder den aromatischen Rosmarin. Eines steht fest: Die Auswahl der Pflanzen, die die Struktur vorgeben, richtet sich auch nach deren olfaktorischen Eigenschaften.
Sie seien also noch einmal genannt, die Wegweiser des Paradieses, die der Gärtner pflanzt, um den Garten einzufrieden, um die Blumenteppiche zu umranden, um den Verlauf der Kanäle zu begleiten und die Spiegel einzufassen: Zypresse, Buchsbaum, Myrte, Lorbeer und Rosmarin. Allen gemeinsam ist ein winterhartes – und duftendes! – Laubwerk, das die Form des Gartens auch dann umschreibt, wenn die Erde noch nackt und frisch gepflügt ist, und das sich für den jahreszeitlich notwendigen Schnitt gut eignet.

Eine syrische Hochzeitstruhe zeigt drei Perlmuttzypressen, die den Brautleuten Glück bringen sollen (links).

Albaicín, Granada (rechts).
Harmonisches Zusammenspiel von freiem und beschnittenem Blattwerk, das dem *carmen* seine Konturen verleiht.

Aufrecht wie eine Zypresse

Wenn ein lebloser Körper in die Erde gelassen wird,
Steigt die Seele des Toten zum Himmel auf.
Das Veilchen wächst, wenn es in der Erde bleibt.
Warum wüchse in diesem Garten nicht eine Zypresse?

DSCHALÂL-AD-DÎN RÛMÎ *(Persien, 13. Jahrhundert)*

Zypressenholz gehörte in der Antike zu den am meisten verwendeten Holzarten. Das ging so weit, dass die natürlichen Wälder im 15. Jahrhundert so gut wie verschwunden waren. »Zypressenholz wurde hauptsächlich im Schiffsbau, für Tempeltüren und Sarkophage verwendet. Das Haus des Odysseus war aus Zypressenholz gebaut. Theophrast erwähnt über vier Generationen gelagertes Zypressenholz, das für die Türen des Tempels von Ephesos verwendet wurde«, so schreibt Hellmut Baumann.[2]

Der Name der Zypresse ist von Kyparissos von Keos abgeleitet, einem der Söhne Apollons, der in eine Zypresse verwandelt wurde, nachdem er einen heiligen Hirsch getötet hatte. Seit der Antike wird die Zypresse bei allen Völkern, die sie kultiviert haben, als Verbindung zwischen der Seele der Verstorbenen und dem Garten Eden angesehen. Sie ist die Himmelspforte und findet sich deshalb auf sämtlichen Friedhöfen: Ob inmitten von Feldern oder aber in der Nähe der Dörfer — ihr Pfeil weist auf den Ort der ewigen Ruhe. Viele Gärtner weigern sich sogar, sie im Garten, dem Eden der Lebendigen, anzupflanzen. Dabei gilt sie, zu dreien gruppiert, als Glücksbringer: Drei Zypressen werden in Damaskus in die Hochzeitstruhen junger Paare geschnitzt, und drei Zypressen stehen auch am Eingang provenzalischer Anwesen als Willkommenszeichen für durchreisende Gäste. Noch einmal Hellmut Baumann: »Auf manchen Inseln [des Mittelmeers] wird heute noch zur Geburt eines Mädchens eine Zypresse gepflanzt, die bei der Heirat dann den Mast für das Segelschiff des neuen Paares liefert.«[3]

Um sich von der Schönheit dieses Baumes zu überzeugen, muss man nur in den letzten erhaltenen natürlichen Wäldern der Insel Korfu spazieren gehen. Dort gibt es auch viele Schildkröten, die häufig unter Zeltböden Zuflucht suchen. So verleben zwei der bleibendsten Symbole der Unsterblichkeit, die Zypresse und die Schildkröte, in Eintracht ihr irdisches Dasein.

Im *gulistân* verleiht die Zypresse dem Garten eine vertikale Struktur. Dem Zeiger einer Sonnenuhr ähnlich, wirft sie ihren Schatten auf jede Mauer, jeden Teil des Gartens, Tag für Tag zur selben Stunde: Sie ist die Uhr des Gärtners. Zypressen, die sich im Wasser spiegeln, wie im Jardín de la Casa del Chapiz in Granada, sind ein heiliges Bild, Säulen, die auf der himmlischen Welt ruhen, um unsere Erde zu tragen. Dieser Baum wird sehr alt, manche Gärten besitzen mehrhundertjährige Exemplare. Kein Baum ist im orientalischen Garten so unverzichtbar wie die Zypresse.

Im Mittelmeerraum gibt es nur eine Zypressenart, die sich pfeilartig nach oben reckt: die Echte Zypresse, von

75

Jardin des Colombières, Menton.
Ehemaliger Blick auf das andalusische Becken und den Zypressenaufgang.
Der historische Garten wurde von Arnaud Maurières und Éric Ossart restauriert.

Oben: Banksrosenstrauch, sich an einer Zypresse hoch rankend.

Botanikern *Cupressus sempervirens* genannt, die Immergrüne, die angeblich bis zu 2000 Jahre alt werden kann. Trockene Kälte verträgt sie gut, doch fürchtet sie Winternebel und stauende Nässe. Südlich der Loire wächst sie problemlos, aber sie braucht einen besonders geschützten Standort, wenn sie auch in nördlicheren Gegenden gedeihen soll. Bei ungeeignetem Klima tritt manchmal die Pappel an ihre Stelle.

Grüne Mauern

Neben der Zypresse pflanzt der Gärtner auch Lorbeer, Eibe oder Weißbuche, wenn hohe und dichte Hecken entstehen sollen.

Geben Sie dem Echten Lorbeer, *Laurus nobilis,* der auch in der Küche verwendet wird und in der Antike die Häupter der Kaiser schmückte, den Vorzug. Es war Apollon, der ihn adelte, als er nach seinem Sieg über die Pythonschlange lorbeergekrönt nach Delphi zurückkehrte. Im Süden Frankreichs werden am Palmsonntag statt Palmzweigen als Symbol für den Einzug Jesu in Jerusalem häufig Zweige des Lorbeerstrauchs verwendet. Der bisweilen etwas verfrorene Lorbeer kann seinen Platz auch der robusten Eibe überlassen. Sie wächst schneller, als man nach den Angaben mancher Baumschulgärtner, die lieber andere Nadelbäume absetzen wollen, glauben möchte. Diese schießen zwar schnell empor, sind aber längst nicht so langlebig. Selbst uralte, »schlaksige« Eiben können zurückgeschnitten nach wenigen Sommern wieder eine perfekte Hecke bilden. Die Eibe ist wegen ihrer giftigen Beeren in Verruf, die allerdings so abscheulich schmecken, dass jedes Kind sie auf der Stelle wieder ausspucken würde. Der Legende nach soll Artemis, die Göttin der Jagd, ihre tödlichen Pfeile damit eingerieben haben.

Die Weißbuche schließlich, auch Hage- oder Hainbuche genannt, ist ein Zugeständnis an ausgesprochen raue klimatische Verhältnisse. In alten Texten wird sie nicht erwähnt, doch macht sie diese mangelnde

Eine Zypresse pflanzen zur Geburt einer Tochter

◆ Ob als einzelner Baum oder zu mehreren gepflanzt, in jedem Fall sollte man sich für die spitz zulaufenden Arten entscheiden. Sollen sie den Garten umschließen, wählt man freie Hecken, die im Laufe der Jahre immer dichter werden. Bei regelmäßigem Schnitt (im Frühjahr) entstehen buchstäblich grüne Mauern, die mehrere Meter hoch werden.

◆ Seit einigen Jahren werden Zypressen von einer Krankheit heimgesucht, die großen Schaden anrichtet. Einige Arten werden nicht befallen, so die spitz zulaufende 'Sancorey' sowie die 'Mistral'.

◆ Spitz zulaufende Arten sollten nicht geschnitten werden, da sie dann ihren stolzen Wuchs verlieren und sich in riesige, unförmige Bäume verwandeln. Wenn die Zweige einer jungen Zypresse vom Stamm abstehen, weil sie zu viele Zapfen tragen, entfernen Sie diese.

Carmen del Chapiz, Granada.
Der Wasserspiegel verleiht dem Garten Tiefe, indem er die Vertikalität der Zypressen hervorhebt.

Garten von Fournials, Frankreich.
Die Weißbuchenhecken leiten den Blick und schaffen wahrhaftig grüne Räume.

Eine Weißbuchenhecke pflanzen

◆ Pflanzen Sie junge Sträucher im Abstand von 70 cm. Gießen Sie bei

anhaltender Trockenheit in den ersten beiden Jahren nach dem Anpflanzen.

◆ Geschnitten wird zweimal pro Jahr, im Herbst und im Juni.

Legitimation durch unleugbar günstige Anbaueigenschaften wett. Sie wächst schnell, auf jedem Boden und bei jedem Klima, sofern es nicht zu trocken ist. Ist dies der Fall, wird sie durch ihre Cousine, *Ostrya carpinifolia* (Hopfenbuche), ersetzt, die auch mit großer Trockenheit zurechtkommt. Die Weißbuche behält im Winter ihre Blätter; sie werden gelblich, vertrocknen und bleiben an den Zweigen, bis sie im Frühjahr von den nachwachsenden Blättern verdrängt werden.

Die Anlage der Hecken

(…) Zedern setzen in die Einöde,
Akazien, Myrten und Ölbäume;
will Zypressen pflanzen in der Wüste,
Ulmen und Buchsbäume allzumal (…)

ISAIAS, **41**, 19

Buchsbaum und Myrte geben die Linien vor, auf denen in buntem Schriftzug Rosen, Kalla oder Levkojen stehen, die von den Jahreszeiten künden.
Diese Sträucher bleiben stets grün; wenn die Hand über die frisch geschnittenen Hecken streicht, verströmen die Blätter ihren Wohlgeruch. Sie rahmen die Blumenbeete, als wollten sie die Grenzen der imaginären Kontinente ziehen, die durch die Paradiesströme – wirkliche Kanäle oder schlichte Schotteralleen – voneinander getrennt sind. Sie sind immer nur so hoch, dass sie nicht den Blick verstellen und der Gärtner über sie hinwegsteigen kann, um eine Rose zu schneiden.
Die Myrte bekommt lauter weiße Blüten, wenn sie nicht geschnitten wird. Sie steht für Jugend und Schönheit, seit Aphrodite ihre Nacktheit dahinter verbarg. Durch den berühmten Myrtenhof im Palast der Alhambra, in dem zwei dichte Myrtenhecken den Wasserspiegel einrahmen, der die Fassade der so

Mit Grün gestalten

◆ Diese niedrigen Hecken werden entlang der Linie gepflanzt, die auf dem Gartenplan mit weichem Bleistift eingezeichnet ist. Wenn die Mauern errichtet sind, der Verlauf der Alleen feststeht und die Becken ausgehoben sind, werden die Hecken gesetzt. Man pflanzt sie im Herbst, im Abstand von 50 cm. Geschnitten werden sie im Frühjahr und im Herbst, wenn sie den Sommer über gegossen werden. Damit die Hecke nicht von unten verkahlt, sollte sie sich nach oben hin verjüngen. Man kann sich das Schneiden erleichtern, indem man sich an einer gespannten Schnur orientiert.

79

Garten von Fournials, Frankreich.
Ein Beispiel für eine Weißbuchenhecke (links).

Casa de Pilatos, Sevilla
Damit die Myrtenhecken an der Basis nicht verkahlen, verjüngt man sie nach oben hin (oben).

genannten Sala de la Barca reflektiert, ist dieser Strauch ein Symbol der arabisch-andalusischen Gärten geworden. Leider ist er nicht sehr robust, sodass er nur in Gärten an der Mittelmeerküste zu sehen ist. Eine aus Italien stammende Myrtenart zeichnet sich im Vergleich zu der herkömmlichen Art durch kleinere Blätter aus. Sie verträgt ein regelmäßiges Schneiden sehr gut. Manche Gärtner ersetzen die Myrte durch Rosmarin, der dem Frost besser widersteht, jedoch empfindlich auf das Schneiden reagiert und aus diesem Grunde anfällig ist.

Buchsbaum ist nach wie vor ein idealer Strauch für Hecken im *gulistân*. Es gibt zahlreiche Varietäten: Manche wachsen schnell, andere langsamer, manche sind breitblättrig, andere haben kleinere Blätter, manche vertragen keinen Schnee, andere sind für jedes Klima geeignet. Im Garten von Fournials gibt es zwei Arten: *Buxus sempervirens* var. *longifolia* mit schmalen Blättern und schnell wachsend sowie *Buxus* 'Winter Gem', der im Winter goldbraune Blätter trägt.

81

Alcázar, Sevilla (links).
Die von den Hecken vorgegebene, strenge Struktur wird durch die üppige Pracht der Frühlingsblüten gemildert.

Château d'Ansouis bei Aix-en-Provence (oben).
Dieser Paradiesgarten steht für die klassische Epoche der französischen Landschaftsgestaltung, in der man sich bei der Anlage der Hecken an der Genesis orientierte.

Blühende Bäume
im Garten

Eine Taube auf den Ästen
teilt gurrend ihre Freude mit,
Und jeder Zweig biegt sich,
Jeder Zweig, der mit Blüten
Und Früchten beladen ist.

IBN AL-DSCHAʿBARÎ *(Syrien, 13. Jahrhundert)*

82

Sobald die Gartenplanung »steht«, pflanzt der Gärtner die Bäume, die mal einem Veilchenbeet Schatten spenden, mal ein Wasserbecken rahmen, eine Allee säumen und überall auf dem Boden, in Hecken und auf blütenübersäten Flächen verteilt sind. Im *bustân* werden manche Bäume wegen ihrer Früchte angebaut, der Aprikosen- oder der Mandelbaum etwa, im *gulistân* werden sie ihrer Blüte wegen gepflanzt. Manche Früchte wie die des Kakibaums werden nicht einmal verzehrt; sie verbleiben an den im Winter entblätterten Zweigen wie die Erinnerung an eine Zitrusfrucht an einem toten Baum. Im Frühjahr picken die Vögel die Kirschen von den Bäumen, wozu diese auch bereitwillig einladen. Mit den Jahren neigt sich der Judasbaum über Mauern und hohe Hecken, und im Frühling bedeckt ein dichter Teppich purpurfarbener Blüten den Boden. Natürlich sind Zitrusfrüchte unverzichtbare Gäste im *gulistân* – sofern das Klima geeignet ist. Die schlanksten Exemplare, wie der Paradies- oder Paternosterbaum, dienen als Stütze für die Schlingpflanzen, die ihre Blüte mit der ihres Wirts in einer Farbenpracht vereinen, die es mit den kontrastreichsten Paletten aufnehmen könnte.

Bäume, die aus dem Paradies verbannt wären, gibt es nicht. Im Gegenteil, traditionelle Arten wie der Pfirsich- oder der Zitronenbaum stehen Seite an Seite mit solchen, die durch Reisende ihren Weg in unsere Breiten fanden – Bananenstaude oder Hibiskus. Manchmal liegen die Reisen so lange zurück, dass sich niemand mehr daran erinnern kann. Wer brachte den ersten Pfirsichbaum aus dem weit entfernten China mit? Andere sind jüngeren Datums. So hat die Entdeckung des amerikanischen Kontinents viele Sammelleidenschaften geweckt und die Vielfalt des orientalischen Gartens bereichert. Dieser Austausch über die Kontinente hinweg wurde durch Klimaverhältnisse begünstigt, die denen des Mittelmeerraumes ähneln.

Rechts: Blühende Obstbäume sorgen nach Ende des Winters für die ersten Farben im Garten. Pflanzen Sie reichlich Pfirsich-, Mandel- und Kirschbäume: Sie sind schön, und ihre Früchte schmecken köstlich.

Links: Kirsche 'La Belle Magnifique'.

Wenn sich ein Baum durch üppige Formen auszeichnet, hat er im *gulistân* seinen Platz. Fülle ist eine Eigenschaft des *gulistân* und der Respekt vor der Entwicklung jedes einzelnen Baumes eine Grundbedingung dafür, dass diese Blüten und Früchte tragen. Strenge Pflanzregeln gibt es nicht. Einer Pflanzung in Reih und Glied oder einer versetzten Ordnung werden Unregelmäßigkeit und ungeordnetes Aussehen oft vorgezogen. Jeder Baum erweckt den Eindruck, rein zufällig an seinem Platz zu stehen, wie es dem Wind, der die Samen verstreut, und den Vögeln, die sie verteilen, eben beliebt. Vielleicht aber ist es auch die Zeit, die diesen Eindruck erweckt: Manche Bäume sind abgestorben und wurden durch jüngere ersetzt, oder, im Gegenteil, der Gärtner lässt die Sonne den Boden erwärmen, und ein paar Rosen wachsen dort, wo einst ein alter Mandelbaum stand.

Grüne Mandeln, orangefarbene Aprikosen

Andere aber sind nur um ihrer Blüte willen da, Aprikosen- und Pfirsichbaum, bei denen man sich erst nach ihrer Blütezeit daran erinnern mag, dass sie auch Früchte tragen.

SALAH STÉTIÉ, *Lumière sur lumière*, 1992

In den Ländern, in denen die ersten orientalischen Gärten angelegt wurden, sind Kernobst – Äpfel und Birnen – rar: Die Winternächte sind zu warm. Nur die Quittenbäume, die aus den Bergen im Norden Persiens stammen, werden häufig angebaut, und ihre Früchte werden zu Tajin gegessen oder erfreuen noch größere Schlemmer als Gelee oder rosenwasserparfümierte Paste. Wenn Ihnen auch die Geduld für die Zubereitung seiner Früchte fehlen mag, so pflanzen Sie einen Quittenbaum wegen der riesigen blassrosa Blüten, die lange halten. Sein Anbau ist einfach, und der Baum verträgt – in sonnigen Gefilden – auch Halbschatten. Sämtliche Steinobstbäume – Mandel, Pfirsich, Kirsche und Aprikose, manchmal auch Pflaume – sind dagegen

Obstbäume pflanzen

◆ Halten Sie rund um die Bäume einen Abstand von mindestens 6 m ein. Alle Bäume brauchen viel Licht und sogar direkte Sonneneinstrahlung, um zu blühen und vor allem um Früchte zu tragen. Vermeiden Sie Standorte im Schatten von Hecken, Mauern oder anderen Bäumen.

◆ Heben Sie eine Pflanzgrube aus, die Sie mit guter Erde, gemischt mit Kompost oder angereichertem Torf, auffüllen. Verteilen Sie etwas von dieser Mischung jedes Jahr im Herbst rund um den Baumstamm.

85

Gemüsegarten in Saint-Jean-de-Beauregard bei Paris (links).
In nördlichen Regionen kann man Pfirsichbäume an der Südwand an einem Spalier aus Kastanienholz ziehen.

Alcázar, Sevilla (oben).
Im Libanon isst man die frischen Mandeln in Salzkruste.

häufig anzutreffen. Sie haben die persische Küche und persische Miniaturmaler gleichermaßen inspiriert. Die Pfirsichblüte ist eines der häufigsten Motive orientalischer Ikonografie. Ein paar Worte zur botanischen Geografie: Der aus China stammende Pfirsichbaum *(Prunus persica)* wurde kurz vor Beginn des christlichen Zeitalters nach Zentralasien und in den Vorderen Orient gebracht. Der Aprikosenbaum *(Prunus armeniaca)* folgte ihm nach. Die gemeine Kirsche *(Prunus cerasus)* soll den umgekehrten Weg gegangen sein; aus Zentralasien stammend, wurde sie später sowohl westlich als auch östlich ihres Verbreitungsgebietes angebaut. Einzig der Mandelbaum *(Prunus amygdalus)* scheint ursprünglich an den Ostküsten des Mittelmeers beheimatet gewesen zu sein. Der Weg aber, den all diese Bäume zurückgelegt haben, Tausch und Handel, die sich daraus ergeben haben, liegen zeitlich so weit zurück, dass man heute nur bei ganz wenigen mit Sicherheit die historische Entwicklung bis hin zu ihrem Ursprungsort zurückverfolgen kann. Diese Entwicklung ist mit der Menschheitsgeschichte eng verbunden, es ist die Geschichte des Paradieses und der immer gültigen Texte, auf die der Plan unseres Gartens zurückgeht. Diese Bäume, von denen es Varietäten für jedes Klima gibt, sind zweifelsohne die bevorzugten Gäste des *gulistân.* Der Mandelbaum wurde früher im gesamten mitteleuropäischen Raum angebaut – und der reichte bis südlich der Niederlande! Er bringt die erste Blüte des

Jahres hervor, bei frühreifen Sorten schon im Januar, bei den meisten allerdings im Februar und März. Die Blüten sind groß, die perlmuttschimmernden Blütenblätter mit rotem Herz stark duftend. Im Libanon werden die noch grünen Früchte in Salzkruste zum Aperitif gereicht. In Frankreich verzehrt man etwa im Juli die milchfarbenen Mandelkerne. Auf die Ernte der reifen Früchte muss man bis zum Ende des Sommers warten. Der Mandelbaum liebt trockene, ja steinige Böden und sehr sonnige Standorte.

Die Blüten des Pfirsichbaums entwickeln sich einige Wochen später, wenn der Rosmarin noch blüht. Mit ihrer rosaroten Farbe bringen sie die ersten kräftigen Töne in den Garten, die im Zusammenspiel mit den sehr dunklen Stämmen des Baumes noch stärker wirken. In Gegenden mit kalten Wintern werden Pfirsichbäume an sonnenseitigen Wänden am Spalier gezogen. Die Bäume sind anfällig für die Kräuselkrankheit, gegen die man im Herbst, wenn die Bäume ihre Blätter verlieren, mit handelsüblichen Präparaten vorgeht; zu einem späteren Zeitpunkt bleibt die Behandlung erfolglos.

Von links nach rechts: Die ersten reifen Früchte sind die Kirschen im Juni, gefolgt von den Pfirsichen und Aprikosen im Hochsommer; Kakis warten, bis die Blätter fallen, um verköstigt zu werden. Die Kirsche 'Napoleon', auch Knorpelkirsche genannt, reift im Juni (oben).

Die Wahl des richtigen Obstbaumes

◆ *Mandelbaum:* Er trägt nur dann Früchte, wenn sich zwei Varietäten gegenseitig befruchten. Mit 'Ferragnes' und 'Lauragnes' erzielt man allerorten ausgezeichnete Ergebnisse.

◆ *Pfirsichbaum:* Es gibt eine große Anzahl von Varietäten. Im Garten von Fournials bringen 'Redwing' weiße, sehr saftige Früchte hervor, die Ende Juli reif sind, und 'Springwest', eine frühe Sorte (Ende Juni), große gelbe Früchte. Wer den Geschmack des Weinpfirsichs schätzt, entscheidet sich für die Sorte 'Sanguine de Savoie', die ebenso robust wie süß ist.

◆ *Aprikosenbaum:* Pflanzen Sie eine frühreife Sorte, die schon zu Beginn des Sommers Früchte trägt – 'Rouges de Fournes' beispielsweise – und eine spätere, damit Sie bis Anfang August ernten können. Die klassische Sorte 'Bergeron' zählt nach wie vor zu den besten. Diese beiden Sorten sind selbstbefruchtend; man muss also nur einen einzigen Baum pflanzen, um Früchte zu ernten.

◆ *Kirschbaum:* Er blüht als Letzter und trägt als Erster Früchte, die frühreife Sorte 'Burlat' zum Teil schon in der zweiten Maihälfte. Die spätesten Weichseln wie 'La Belle Magnifique' reifen Ende Juli.

Der Aprikosenbaum benötigt einen fruchtbaren Boden. Mit ihrer samtigen Haut, ihrem honigfarbenen Fleisch und ihrem Duft ist die frisch vom Baum gepflückte Frucht in nichts mit den blassen Imitationen zu vergleichen, die man zu Wucherpreisen auf dem Markt ersteht. Der Aprikosenbaum breitet sich gern aus, und unter seinem Geäst gedeiht nichts anderes. Darauf ist bei der Wahl des Standortes zu achten.

88 Der Kirschbaum erscheint weniger exotisch als die zuvor erwähnten Arten. Dennoch ist er ein für den *gulistân* ausgesprochen wertvoller Baum: Er erfreut die Vögel und die Kinder und ist bis hin in nördliche Breiten und unterhalb von 1500 Metern einer der am leichtesten zu kultivierenden Obstbäume.

Man preist die Baumblüte im Frühjahr sowie die Früchte im Sommer, und man vergisst die herrliche Herbstfärbung der Blätter. Am beeindruckendsten ist zweifellos die des Kakibaumes (rechts).

Den Obstbaumschnitt erleichtern

Alle Bäume werden im Herbst geschnitten. Folgende Grundregeln sind zu beachten:

◆ Schneiden Sie in den ersten fünf Jahren nach der Pflanzung jeden Herbst, dann in größeren Abständen.

◆ Entfernen Sie am Fuß wachsende Triebe sowie Wasserreiser (große, vertikal und schnell wachsende Triebe am unteren Ende eines Leitastes).

◆ Lichten Sie stets die Krone und die Baummitte aus, damit genügend Luft und Licht in das Laubwerk gelangen. Entfernen Sie sämtliche Zweige, die zur Mitte hin wachsen. Schneiden Sie die Krone zu: Der Wuchs muss harmonisch sein; ein Zweig, der aus der Krone hervorragt, muss rigoros geschnitten werden.

◆ Die Zweige sollten sich nicht überschneiden. Lassen Sie den kräftigeren stehen, und entfernen Sie den anderen.

◆ Schneiden Sie die Triebe oberhalb eines Auges so zurück, dass stets mindestens die drei untersten Augen stehen bleiben.

◆ Neben dem regelmäßigen Baumschnitt sollte in den ersten drei Jahren ausgiebig gegossen, der Stamm mit Stroh umwickelt und der Boden jeden Herbst melioriert werden (hier kann man gar nicht zu viel des Guten tun!). Selbst ohne Schnitt zeigen sich stets Blüten, doch erhält man sehr viel weniger Früchte.

89

Purpurrot, malvenfarben und perlmuttweiß

*In den Blüten kostbarer Gärten,
für den, der sie schaut, wie viel
schöne, weit geöffnete Augen, leuchtende
Lippen und blühende Wangen!*

CHALÎL MARDAM *(Syrien, 20. Jahrhundert)*

Ein ganzes Gefolge von Bäumen und Sträuchern begleitet die Frühjahrsblüte der Obstbäume. Eine vollständige Liste derer, die sich damit rühmen dürfen, den Quellen des Paradieses Schatten zu spenden oder die zwitschernden Vögel in ihrem Geäst zu beherbergen, gibt es nicht. Groß ist die Anzahl der Arten, die in Farbe und Duft mit dem Mandel- oder dem Judasbaum konkurrieren könnten. Dennoch bleibt der Gärtner, der nach orientalischem Vorbild arbeitet, gewissen Traditionen treu, sodass bestimmte Pflanzen im *gulistân* grundsätzlich nicht fehlen. Natürlich werden die Bougainvillea in milderen Regionen durch das Geißblatt und der Mispelstrauch durch Schneeball oder Flieder ersetzt. An Purpur, Blasslila und perlmuttschimmerndem Weiß, den in diesen Gärten dominanten Farben, hält man jedoch fest und setzt sie in Kontrast zu dem lodernden Orangerot der Zitrusfrüchte, Kakis oder einiger Mimosen, die sich mit irgendeinem vorwitzigen Reisenden hierher verirrt haben.

Der Judasbaum *(Cercis siliquastrum)* ist hervorragend für mediterranes, mildes Klima geeignet. Er samt sich wild am Fuße niedriger Mauern aus, auf Kiesböden und an anderen trockenen Orten, ist von harmonischem Wuchs und lehnt sich gern an Zypressen oder Eibenhecken. Er blüht früh im Mai, noch vor den Kletterrosen, deren

Casa de Pilatos, Sevilla.
Persischer Flieder *(Melia azedarach)*, auch Paternoster- oder Paradiesbaum genannt, ist im nördlichen Europa kaum bekannt, obwohl er gemäßigtes Klima verträgt, sofern er genügend Sonne bekommt. Rechts rankt sich eine Bougainvillea an einem riesigen Paternosterbaum empor.

Zweige er auf ihrem Weg in die Höhe nach Kräften
unterstützt. Im Garten von Fournials spendet dem
Brunnen am Eingang ein Judasbaum Schatten, an dem
sich ein riesiger, stark duftender Rosenstock der Sorte
'Sander's White' emporrankt. Dieser Baum benötigt
keinerlei Pflege. Von ihm gibt es eine Abart mit weißen
Blüten, die jedoch nicht von Interesse ist. Entscheiden
Sie sich lieber für die Arten mit den grell rosaroten,
fast purpurfarbenen Blüten.

Auch der Paradies- oder Paternosterbaum (*Melia
azedarach*) ist, obwohl er außerhalb des Mittelmeerraums nur selten angepflanzt wird, ausgesprochen
robust. Den Frost fürchtet er nicht, doch braucht er
warme Sommer, um zur Blüte zu gelangen. Dieser ursprünglich im Fernen Orient (bis hin in den Norden
Indiens) beheimatete, fast zehn Meter hohe Baum hat
alle orientalischen Gärten erobert. Er säumt die
Straßen von Damaskus und gibt seinen fliederähn-
lichen Duft im Frühjahr frei, wenn die bläulichen Blü-
tenrispen sich öffnen. Seine fast runden, grell gelben
Früchte sind sehr dekorativ. Im Winter bleiben sie an
den Zweigen, wenn diese ihre Blätter abgeworfen haben.
Der Paradiesbaum kann, wie der Judasbaum auch, als
Stütze für Schlingpflanzen, Rosenstöcke, sogar Bou-
gainvillea dienen, wie im Jardín de la Casa de Pilatos in
Sevilla zu sehen. Die kälteresistenteste Bougainvillea ist
die Varietät *Bougainvillea glabra* 'Sanderiana', die leuch-
tend violette Deckblätter besitzt und in gemäßigten
Zonen fast die ganze Saison über blüht. Das empfind-
liche Lianengewächs wird bei rauerem Klima zusammen mit Zitrusgewächsen im Topf angepflanzt.
Der Sommerjasmin oder Pfeifenstrauch (der Gattung
Philadelphus) zählt fast einhundert Arten und Varietäten.
Mit dem Orangenbaum konkurriert er wegen des Dufts
seiner Blüten, mit Obstbäumen wegen deren Blütenfülle.
Die meisten Arten sind zur Freude aller Gärtner äußerst
widerstandsfähig. Bei gutem, tiefem Boden ist es ratsam,
viele Pfeifensträucher nebeneinander zu setzen. Zur Pflege genügt das Entfernen abgestorbener oder stark ver-
holzter Zweige, damit sich der Strauch regeneriert.

93

Villa Noailles, Grasse.
Die berühmte, mit Judasbaum überdachte Pergola.

Im Frühling entwickelt der Spierstrauch *(Spiraea × vanhouttei)* seine gekrümmten, mit schneeweißen Blüten bedeckten Zweige. Er verträgt alle Böden und jedes Klima. Schneeball, Flieder und Deutzie sind Gefährten der Rosenstöcke und anderer Duftpflanzen des *gulistân.* Sie sind im Garten nicht dominant, erlauben aber, das Paradies in alle geografischen Breiten zu verlegen. Zwei ausdauernde Bäume sind häufige Begleiter der Zypresse: die Großblütige Magnolie *(Magnolia grandiflora)* und die Japanische Mispel *(Eriobotrya japonica).* Letztere ist trotz ihres tropischen Aussehens durchaus robust. Bei mildem Klima kann sie mehrere Meter hoch werden. Sie vereint ein schönes, winterhartes Laubwerk mit einem betörenden Blütenduft und – in reifem Zustand – goldgelben, saftigen und süßen Früchten. Manche Varietäten, die gepfropft sind, tragen große Früchte.

Die Magnolie ist ein sehr großer Baum, der dichten Schatten wirft. Zwischen den glänzenden Blättern tauchen im Sommer die Blütenstände auf. Es handelt sich um große, cremeweiße und duftende Blüten, die allerdings oft einige Meter über Bodenhöhe und damit in zu großer Entfernung vom Spaziergänger stehen, als dass er ihren Duft in vollen Zügen genießen könnte.

Woher kommt der Pfeifenstrauch?

◆ Die frühesten Arten, die bereits gegen Frühlingsende blühen, stammen aus Amerika (am bekanntesten sind 'Virginal' und 'Dame Blanche'). Es handelt sich um große Sträucher, die drei bis vier Meter hoch werden.

◆ Deutlich niedriger (etwa zwei Meter Höhe) ist die aus Italien stammende, älteste Art *(Philadelphus coronarius),* die zu Beginn des Sommers blüht.

◆ Asiatische Arten blühen später und sind in der Form gedrungener; über einen Meter wachsen sie nicht hinaus. Wählen Sie die stark duftende 'Sybille' oder die 'Conquête' mit gefüllten Blüten.

Links: Pfeifenstrauch und Blüten des Granatapfelbaums.
Mitte: Bougainvillea. **Rechts:** Der Judasbaum ist ausgesprochen robust. Je nach Region blüht er von Frühlingsanfang bis -ende. Der unkomplizierte Baum kommt auch mit kärgsten Böden zurecht.

Blumen und Blätter, die den Garten zum Duften bringen

Wir gingen in den Garten der Gedanken, ganz aus Seide.
Der Duft der Veilchen begleitete unsere Schritte,
Die Rose hielt uns ihre blutrote Wange entgegen.

IBN ZAIDÛN *(Spanien, 11. Jahrhundert)*

Der *gulistân* wird aus Blumen gewebt. Die Bäume bilden das Fadengerüst des Gewebes, die Hecken den Rahmen, und Rosen, Veilchen, Narzissen, Lilien, Iris und Jasmin werden wie Seidenfädchen in das Gartengewebe eingearbeitet. Wie ein kostbarer Teppich breitet sich der *gulistân* vor dem Spaziergänger aus, ein Geschenk aus Farben und Düften, das alle Sinne anspricht. Es handelt sich um eine kunstvolle Auswahl, die den Gärtner unablässig beschäftigt: Die Blumen sollen miteinander harmonieren; sie müssen zum richtigen Zeitpunkt gegossen werden, damit jede ihre ganze Pracht entfalten kann; die Blütezeiten müssen ineinander übergehen; im Verlauf eines Spazierganges wie auch im Jahresverlauf und an den Festtagen muss für Abwechslung gesorgt sein. Nur der Akanthus, ein unverzichtbarer Gast in diesem Garten, duftet nicht, was er jedoch wett zu machen weiß durch ein üppiges Blatt- und Blütenwerk sowie durch eine Geschichte, die ihm einen bevorzugten Platz im *gulistân* einräumt. Diese Blumen bieten das ganze Repertoire an Duftstoffen, was Parfümeure die Herznoten nennen. Es sind schwerer flüchtige Essenzen als die von Zitrus und Lavendel, welche die Kopfnoten bilden, und leichter flüchtige als die von Patschuli oder Zeder, den Basisnoten. Aus Jasmin und Rose werden die in der Parfümherstellung am meisten verwendeten Essenzen gewonnen. Sie sind kennzeichnend für Damenparfüms, die

Casa de Pilatos, Sevilla.
Weiße Kalla in Verbindung mit
dem Duft des Pfeifenstrauchs.

Garten von Fournials, Frankreich.
Die neuen Rosenzüchtungen des Engländers David Austin kombinieren den Duft alter
Rosenarten mit der üppigen Blüte neuerer Varietäten. Links 'Sharifa Asma'.

mehr oder weniger sinnlich ausfallen, je nachdem, ob man ihnen fruchtige oder tierische Duftstoffe beimischt. Dem Gärtner eines orientalischen Gartens stellen sich bei seiner Auswahl dieselben Anforderungen: Um der stark duftenden Blumen willen wird das Tor zum Garten durchschritten und dessen Boden bearbeitet, damit die Blumen, ohne dass ein Missklang entstehe, die Luft mit Wohlgeruch erfüllen können. In diesem Garten ist der Duft keine verzichtbare Laune, sondern ein Wesensmerkmal der Komposition.

Vor der Revolutionierung des Gartenbaus im 19. Jahrhundert beschränkte sich das Blütenrepertoire des nach orientalischem Vorbild arbeitenden Gärtners – neben den bereits erwähnten Bäumen und Sträuchern – auf sieben Namen: Rose, Veilchen, Narzisse, Lilie, Iris, Jasmin und Akanthus. Zur Bestätigung der These, derzufolge die Ziergärten des Abendlandes stark an orientalischen Vorbildern ausgerichtet sind, sei angemerkt, dass die meisten dieser heute überaus gängigen Blumen mit den Kreuzrittern in unsere Breiten gelangten. Natürlich wurden sie mit der Heiligen Jungfrau in Verbindung gebracht, die sich die Kreuzritter in den Gärten von Damaskus oder Jerusalem vorzustellen beliebten. Die weiße Farbe manch einer Blume, ein Symbol der Reinheit, oder deren Duft, ein Symbol für Heiligkeit, sind sakrosankte Attribute. Die ersten Darstellungen vom Paradiesgarten in der westlichen Ikonografie zeigen (fast immer) Landschaften, die den Hintergrund für eine Szene aus dem Leben der Heiligen Jungfrau bilden.

Vom Zauber der Rose

Die Brise zerriss das Kleid der Rose,
und man hört die Stimme der Nachtigall.
Verharre also im Schatten der Rose,
denn bald wirft sie ihre Blätter ab.

ʿUMAR CHAYYÂM *(Persien, 12. Jahrhundert)*

Diese Verse scheinen vorwegzunehmen, was der französische Dichter Malherbe fast fünf Jahrhunderte später

98

Wie man Blumen pflanzt

◆ Im *gulistân* werden die Blumen ohne erkennbare Ordnung gepflanzt; sie sind über sämtliche Beete verteilt, um den Eindruck zu erwecken, dass in diesem Garten stets Blütezeit herrscht. Begnügen Sie sich deshalb beim Pflanzen von Rosen nicht mit nur einem Stock einer Sorte, sondern gruppieren sie an verschiedenen Stellen des Gartens in beliebiger Anordnung, etwa zu dreien im Wechsel mit einzeln stehenden.

◆ In ähnlicher Weise verfährt man auch mit den Narzissenzwiebeln und pflanzt sie ohne weitere Erwägungen an der Stelle, an der sie mit schwungvoller Geste landen. Lilien werden in Gruppen von fünf bis zehn Zwiebeln an sonnige Plätze zwischen zwei Sträucher gesetzt. Veilchen vertragen auch kühlen Schatten. Sie sind, beispielsweise am Fuße von Rosenstöcken, ein ausgezeichneter Bodendecker, der so unschöne Dinge wie tief wachsende Zweige oder nackte Erde vermeiden hilft. Jasmin wird am Mauerspalier oder in Blumentöpfen gezogen und entlang einer Allee oder auf dem Rand eines Wasserspiegels in die Sonne gestellt. Robuste Varianten können in Beete mit kräftigen Rosenstöcken gesetzt werden, deren dornige Tatsachen sie verhüllen.

99

Albaicín, Granada.
In Granada bezeichnet das Wort *carmen* die alten Wohnhäuser im Viertel des Albaicín. In einer weiteren Bedeutung steht es in dieser Stadt auch als Synonym für »Garten«. Im April blüht hier eine Fülle von Rosen: Die rankenden Arten bilden Spaliere an den Wänden oder bedecken lange Pergolen.

niederschrieb: »Und, Rose, ihr ist widerfahren, was allen Rosen widerfährt, an nur einem Morgen.« Gäbe es nicht mehr als eine Blume im *gulistân*, so wäre es eine Rose. Kein paradiesischer Garten kommt ohne sie aus, und die Vielzahl verschiedener Varietäten, die der Mensch gezüchtet hat, erlaubt es, sämtlichen klimatischen Bedingungen, jeder erdenklichen räumlichen Aufteilung des Gartens und allen Wünschen, den Duft und die Farbe betreffend, gerecht zu werden – mit Ausnahme von Blau (die angeblich blauen Rosen besitzen eine undefinierbare Farbe zwischen schmutzigem Blasslila und verwaschenem Violett …). Die traditionellen Varietäten sind sehr alt, und die berühm-

teste ist zweifelsohne die Apothekerrose, *Rosa gallica* var. *officinalis*, die der aus der Champagne stammende Thibault IV. 1250 aus dem Heiligen Land mitgebracht hat. Bei diesem Rosenstock mit halb gefüllten purpurfarbenen und stark duftenden Blüten handelt es sich um eine kleine, sprießende Pflanze, die heute nur noch selten kultiviert wird.

Seit etwa zehn Jahren unterscheiden die Baumschulgärtner höchst willkürlich zwischen alten und neuen Rosen. Entsprechend der jeweils bevorzugten Zucht werden manchen die schlimmsten Mängel nachgesagt oder aber, im Gegenteil, allerbeste Eigenschaften zugeschrieben. Dabei gilt, dass man unter den »alten

Casa de Pilatos, Sevilla.
Zwergbengal- oder Miniaturrosen, in Kübeln gepflanzt, zieren sämtliche Pfeiler.

Alte Rosen

◆ Wenn Sie aus dem Mittelalter stammende Rosen pflanzen wollen, so wählen sie jene, die auch die ersten Gärtner Frankreichs überzeugten: darunter die Rose 'Alba', die weiße Yorkrose, die eine reine Farbe mit einem kräftigen Duft vereint; die Damaszener- oder Portlandrose *(Rosa damascena)*, von denen 'Rose de Rescht' und 'Rose de Puteaux' wegen ihres betörenden Dufts am meisten kultiviert wurden; die Zentifolien *(Rosa centifolia)*, beispielsweise die 'Rose des peintres', die denen aus den Sträußen flämischer Maler ähnelt, 'White Provence', die weiße Variante der Letztgenannten, und natürlich die Rose aus Grasse, die Meistverwendete in der Parfümindustrie.

◆ Darüber hinaus gibt es die botanischen Rosen *R. rubrifolia*, *R. sancta* oder *R. pimpinellifolia*. *R. banksiae* ist eine aus China stammende Varietät. Nach ihrer Einführung im 19. Jahrhundert hat sie sämtliche mediterranen Gärten erobert. Bei ihr handelt es sich um eine kräftige Kletterrose, die sich an Olivenbäumen und Zypressen hoch rankt und in der Provence bereits im April eine Vielzahl kleiner Blüten trägt. Die gelbe Varietät mit gefüllten Blüten, *R. banksiae* 'Lutea', ist eine der robustesten und gedeiht an einem südseitigen Spalier bis hinauf in die Gegend von Paris.

Frühjahr. Einer der Pioniere dieser Neuheit war der Engländer David Austin.

Sollten Sie nur eine Art pflanzen, so entscheiden Sie sich für 'Sharifa Asma' mit ihren zartrosafarbenen Blütenblättern und einem Duft aus Anis und Pfirsich. Rosen nämlich, die wie Rosen duften, sind eher die Ausnahme. Der Duft dieser Blume ist so komplex, dass die Nase Kopf-, Herz- und Basisnoten unterscheiden kann. Der Rosenzüchter Georges Delbard war einer der Ersten, die den olfaktorischen Wert der Rosen untersucht und in Katalogen sämtliche Duftnoten seiner Schöpfungen aufgelistet hat. 'Chartreuse de Parme' riecht zunächst nach Zitronelle und dann nach Hyazinthe, wobei im Hintergrund eine exotische und süße Mango- oder Litschinote auftaucht. Ihr Kleid ist dunkelviolett und so samtig, dass man unverfroren seine Nase darin vertieft. 'Souvenir de Marcel Proust' eröffnet mit denselben Kopfnoten, verbreitet dann aber herbere Düfte wie den der reifen Birne oder Aprikose. Diese beiden außergewöhnlichen Arten haben 1998 den Paradiesgarten beim Festival von Chaumont-sur-Loire mit ihren Blüten und ihrem Duft beschenkt.

Rosen« sämtliche Arten versteht, die vor 1920 gezüchtet worden sind. Eine fragliche Einteilung angesichts der so langen Geschichte der Rosen ... Innerhalb dieser Klassifizierung wiederum gibt es gute alte Rosen und schlechte neue – und umgekehrt!

Es gibt so viele Rosen mit betörendem Duft und prächtiger Blüte, dass man sie selbst in einem mehrbändigen Werk nicht beschreiben könnte (und doch unternehmen nicht wenige den Versuch dazu). Moderne Rosenzüchter kreieren seit einigen Jahren Rosen, die das Aussehen alter Sorten haben, aber zweimal im Jahr blühen, im Juni und September. Die meisten alten Züchtungen blühen nur einmal im ausklingenden

Alcázar, Sevilla.
Wie die mittelalterliche Ikonografie belegt, wurden Rosen hinter Bänke gepflanzt, damit die Verliebten sich an ihrem Duft berauschten.

Die Banksrose auf der rechten Seite gehört zu den am stärksten rankenden Arten und kann über zehn Meter hoch werden. Sie ist ein idealer Blütenbesatz für die Zypresse.

Für Rosenliebhaber ...

◆ Alle Rosen sind mehr oder weniger empfänglich für zwei Krankheiten: Mehltau und Rosenrost. Mehltau zeigt sich als weißer Staub auf den jungen Trieben, Rosenrost durch braune Flecken auf den alten Blättern. Vorsorglich behandeln sollte man im Herbst, wenn die Blätter abfallen, und in den ersten heißen Tagen zu Beginn des Sommers. Allerdings geht nichts über eine rigorose Selektion der resistentesten Arten.

◆ Wenn die Rosenstöcke nicht wachsen, obwohl alle Bedingungen für ein gedeihliches Wachstum erfüllt sind (sonniger Standort, guter Boden, Bewässerung, regelmäßige Melioration sowie Schädlings- und Krankheitsvorbeugung), Sie aber einen kalkhaltigen Boden haben, brauchen Sie nicht länger nach der Ursache zu forschen: Der Wildling ist ungeeignet. Besorgen Sie sich einen Wildling der Art *Rosa canina* (unsere Hunds- oder Heckenrose) oder *R. laxa:* Es sind die einzigen, die jede Art von Boden vertragen.

◆ Und schließlich kommen wir zum Schneiden. Viele Varietäten (insbesondere alte Rosen) benötigen lediglich einen erhaltenden Schnitt: Entfernen Sie Wasserreiser und trockene Zweige. Lassen Sie nur drei, bei sehr kräftigen Rosenstöcken fünf Haupttriebe stehen, und schneiden Sie die übrigen kräftig zurück. Kürzen Sie die hohen Triebe von Jahr zu Jahr weniger ein, je nachdem, welche Form Sie ihrem Rosenstock geben wollen. Vor allem aber sollte auf einen radikalen Rückschnitt knapp über Bodenhöhe verzichtet werden. Die Strauchmitte wird von allen überflüssigen Trieben befreit, dünne Triebe werden entfernt. Schneiden Sie gegen Herbstende, nach der letzten Blüte der rankenden Varietäten, oder im März nach den Winterfrösten und vor Beginn der Frühlingsblüte.

Paradiesgarten, Cordes-sur-Ciel.
Kombinieren Sie, wie hier zu sehen, die nach Maiglöckchen duftende Rose 'Lavander Dream' mit dem Lavendel, von dem sie träumt.
Rechts die Sorte 'Sharifa Asma'.

In Tunesien haben Jasminsträußchen Tradition. Im Sommer wird an jeder Straßenecke damit gehandelt. Der Strauß wird von einem Faden zusammengehalten, den man aufschneidet, damit die Blüten sich öffnen und ihren Duft verströmen.

Betörender Jasmin

*Levkoje, die rote und die blasse Rose,
oh Freund,
und die Lilie von makellosem Weiß,
und der Jasmin lassen ihre Schönheit
noch schöner erscheinen.*

Anonyme Volksdichtung (Algerien)

Vor dem Jasmin hatte es die Levkoje den Gärtnern
angetan, die sie als dichten Teppich zu Füßen der
Orangenbäume aussäten. Die Levkoje, im Französischen zu Recht nach der Gewürznelke benannt, besitzt
deren milde Duftnoten. Außer der Rose aber ist keine
Blume mit Jasmin vergleichbar. Ein Blick auf die Felder bei Grasse genügt, um sich davon zu überzeugen.
Sobald man in der Morgendämmerung Schwarz und
Weiß unterscheiden kann, pflücken dort Frauen und
Kinder Blume um Blume, die sie dann zum Markt der
Parfümeure bringen, wo die Blüten auf mit Fett bestri-
chenen, eingefassten Platten wiederum gezählt werden
und ihren Duft verbreiten. Nur wenige Blumen sind so
kostbar, dass ihnen um ihres Duftes willen so viel Aufmerksamkeit geschenkt wird.
In Tunesien binden Jugendliche zur Zeit der Jasminblü-
te winzige Sträußchen, indem sie jede Blüte mit einem
Stiel versehen und mit Hilfe eines Seidenfadens so be-
festigen, dass sie sich auf Wunsch öffnen. Männer und
Frauen verschenken diese Sträußchen auf der Straße,
einzig um dem Freund oder dem Durchreisenden eine
Freude zu bereiten. Dieser Zauberformel der Freund-
schaft gebührt der Platz, den ihr der *gulistân* gewährt.

Gelber und weißer Jasmin

◆ Es gibt gelb blühende Jasminarten, die jedoch nur
selten duften. Schwer duftend sind die weißblütigen
Varietäten, unter denen nur der aus dem Osthimalaja
stammende *Jasminum officinale* robust ist. Auch der
blütenreichere *Jasminum grandiflorum* wird häufig
gepflanzt. Er ähnelt dem zuvor Genannten, ist aber
sehr viel frostempfindlicher und gedeiht nur in mediterranem Klima.

◆ *Jasminum officinale* ist kälteresistent, sofern er an
einer sehr sonnigen Wand am Spalier gezogen und der
Ballen im Winter mit Stroh bedeckt wird. Dann schlägt
der Strauch sogar nach starkem Frost wieder aus.

Narzissen, Lilien und andere Zwiebelgewächse

Sieh diese Narzisse mit dem durchdringenden Duft,
Die schon ein leiser Windhauch
hin und her bewegt!

ALI AL-BAGHDÂDÎ *(Bagdad, 14. Jahrhundert)*

Die Herkunft des lateinischen Namens für die Weiße Narzisse, die Dichternarzisse *(Narcissus poeticus),* wird selten so nachvollziehbar wie bei der Lektüre arabischer Gedichte, in denen immer wieder von dem farbigen Auge inmitten von reinstem Weiß und dem provozierenden Duft die Rede ist. Jedermann weiß, dass sie nach einem jungen Böotier benannt ist, der in sein eigenes Spiegelbild verliebt war und dadurch bestraft wurde, dass er in der Quelle, in der er sich betrachtete, ertrank. Statt seiner blieb eine goldgekrönte Blume, die sich noch immer im Wasser spiegelt – eine Anspielung auf die von wild wachsenden Narzissen bevorzugten Feuchtwiesen. Im Garten ist sie weniger anspruchsvoll und begnügt sich mit fruchtbaren Böden jeder Art. Auf wundersame Weise hat die Geschichte das Symbol dieser Blume verwandelt, die von der Hölle der Griechen in das Paradies der Christen wandert. Der alten Legende zufolge nämlich wurde Persephone durch den Duft der Narzisse in die Hölle gelockt. Für die christliche Symbolik zählte einzig die Reinheit, was in dem französischen Namen »Jungfrauengras« seinen Niederschlag fand. Noch heute schmücken die Griechen ihre Gräber mit dieser Blume, während sie bei uns als Altarschmuck dient. Mit der Narzisse erwacht der Frühling. Unter sämtlichen kultivierten Spielarten sollte man sich in gemäßigten Breiten für die botanische Form *Narcissus poeticus* entscheiden, bei mediterranem Klima für *Narcissus tazetta,* die bereits im Februar blüht. Eine weitere weiße Blume, die als Symbol der Jungfräulichkeit Marias gilt, ist die Weiße Lilie *(Lilium*

candidum), die der Erzengel Gabriel bei der Verkündigung in Händen hält. Es ist ein herrliches, doch kapriziöses Gewächs, das Umpflanzungen schlecht verträgt und empfänglich für bestimmte Pilzkrankheiten ist. Gärtner geben der ihr ähnelnden, aus China stammenden Königslilie *(Lilium regale)* den Vorzug. Sie ist leichter zu kultivieren und blüht ebenfalls im Juli. Auch andere Arten mit orangefarbenen Blüten werden im *gulistân* häufig gepflanzt.

Tulpen und Hyazinthen tauchen ebenfalls in ihren Frühlingsfarben auf. Für die Osmanen symbolisierte die Tulpe den Tod, da der Blütenkelch an einen Turban erinnert. Der Turban war das Leichentuch, das der Getreue auf dem Haupt trug, eine tägliche Erinnerung an die Kürze des menschlichen Daseins. Die heute kultivierten Hyazinthen haben nur noch wenig gemein mit den von den Dichtern erwähnten Arten, doch ist manchen noch immer ein Duft zu Eigen, der ihnen einen würdigen Platz im *gulistân* zuweist.

Casa de Pilatos, Sevilla (rechts).
Eine ungewöhnliche Kombination aus Lilie und Akanthus.

Oben: Narzisse 'Jenny'.

Iris, die Götterbotin

*Zu Ehren der Götterbotin Iris trägt die gleichnamige Pflanzen-
gattung der Schwertliliengewächse ihren Namen. Die Rolle der
Iris war so zu verstehen, dass sie die Seelen der Sterblichen
entlang der Bahn des glänzenden Regenbogens, mit dessen
Farben die Schwertlilien ja gezeichnet sind, ins Land des ewigen
Friedens begleitete. Hierauf mag die Sitte zurückzuführen sein,
dass hauptsächlich im Orient die Gräber noch heute mit
Schwertlilien geschmückt werden.*

HELLMUT BAUMANN, *Die griechische Pflanzenwelt in Mythos,
Kunst und Literatur, 1982*

Die Iris ist eine Pflanze mit erstaunlicher Farbpalette.
Auf einer Reise in den Norden Jordaniens erblickte ich
eines Tages ein trockenes Feld, das über und über mit
schwarzen Kunststoffbeuteln bedeckt war. Neugierig
hielt ich am Rande des Feldes und stellte fest, dass es
sich bei diesen Beuteln um nichts anderes als Iris-
büschel handelte! Bestimmte orientalische Arten der
Iris haben die dunkelste Blüte des Pflanzenreichs.
Wenn Botaniker behaupten, die Farbe Schwarz komme
bei Pflanzen nicht vor, würde man ihnen nach diesem
Anblick kaum Glauben schenken. Tatsächlich aber ist
es ein sehr dunkles Purpur. Diese Arten sind sehr
schwer zu kultivieren und ziehen die Hölle der von der
Sonne verbrannten Erde offenbar dem von unseren
Gärten gebotenen Paradies vor.
Demgegenüber wäre die weiße und leicht zu kultivieren-
de Florentiner Iris *(Iris albicans)* zu erwähnen. Die in Italien wegen ihrer Rhizome angebaute Pflanze stammt aus
dem östlichen Mittelmeerraum, wie auch die *Iris germanica,* die blau-violette Spielart der erstgenannten, wobei
jene genauso wenig deutsch ist wie diese italienisch. Die
aromatischen Wirkstoffe ihrer Rhizome (bekannt als
Veilchenwurzel, unterirdisch wachsende Sprosse, die
jedoch keine Wurzeln sind) kennt man seit der Antike,
denn mit ihnen verfeinerte man den Wein. Das aus der

110

Gemüsegarten in Saint-Jean-de-Beauregard bei Paris.
Obwohl ihr eine erstaunliche Anzahl vielfarbiger Varietäten
Konkurrenz macht, ist die blaue Iris die spektakulärste
und bei gemäßigtem Klima auch am leichtesten zu kultivieren.
Rechts eine *Iris germanica* der Sorte 'Flaming Day'.

Pflanze gewonnene Öl wurde als kosmetisches Mittel gegen Körpergeruch benutzt, und in der modernen Parfümherstellung wird es noch immer verwendet, um leicht flüchtige Essenzen zu fixieren. So viel zu *Iris germanica,* auch Schwertlilie genannt, die im *gulistân* am häufigsten angepflanzt wird. Von ihr gibt es Varietäten in sämtlichen Größen und Farben. Sie wird durch Teilung der Rhizome im August vermehrt und blüht ab dem darauf folgenden Frühjahr. An einem sonnigen Standort und bei trockenem Boden lässt sie sich leicht ziehen. Eine weitere, in Gärten des Mittelmeerraums gängige Art ist die *Iris unguicularis,* die aus Nordafrika stammt. Sie blüht mitten im Winter, von November bis März. Wenn sie geschützt steht, kann sie die südliche Hitze auch gegen einen Platz in einem beliebigen anderen Garten eintauschen. Ihr Laubwerk besteht aus einem Bündel schmaler, biegsamer Blätter, aus denen etliche blaue Blüten auftauchen, die von einem etwa dreißig Zentimeter langen Stengel getragen werden. Es gibt lilafarbene Spielarten mit großen Blüten sowie weiße Exemplare.

III

Antiker Akanthus

Das Akanthusblatt darf man nicht vergessen, ein Ornament griechischer und römischer, heidnischer und christlicher Architektur, die schönste Verzierung korinthischer Kapitelle.

PREDRAG MATVEJEVIC, *Der Mediterran,* 1992

Akanthus dient im Garten wie in der Architektur als Ornament. Es ist erstaunlich, dass eine hier so stark vertretene Pflanze weder in der Mythologie noch in der Bibel erwähnt wird und keinerlei symbolische Bedeutung erfahren hat.

Kultiviert werden drei mediterrane Arten. Die robusteste ist zweifelsohne *Acanthus mollis,* ein dichter, etwa sechzig Zentimeter hoher Bodendecker. Bei trockenem Boden und mildem Klima wächst der Akanthus im Winter und blüht im ausgehenden Frühjahr. Während des Sommers ruht er sich aus und verschwindet zur Gänze, um sich bei den ersten Herbstschauern wieder zu zeigen. In einem regelmäßig bewässerten Garten und bei gemäßigtem Klima wächst er eher im Sommer, und seine langen Blütenschäfte, die von schöner Schiefer- und Perlmuttfarbe sind, entwickeln sich bis zum August. Die Pflanze verträgt lichten Schatten. In dem Fall bekommt sie weniger Blüten, doch fällt ihr dunkelgrün glänzendes Laub dafür üppiger aus. Akanthus samt sich spontan aus und kann alles überwuchern.

Ein Teppich aus Veilchen

Frisch gepflückte Veilchen in voller Blüte, zerbrechliche Blütenköpfchen, in blau geädertes Kristall geschnitten.

ALI AL-BAGHDÂDÎ *(Bagdad, 14. Jahrhundert)*

Vielleicht ist es die frühe Blüte, der Duft oder aber die zerbrechliche Grazie, weswegen das Veilchen in den Herzen von Dichtern – und Gärtnern – einen besonderen Platz einnimmt …

Das Wohlriechende Veilchen *(Viola odorata)* gehört zu den verbreitetsten Feld- und Wiesenblumen Asiens, Europas und Nordafrikas. Es wird in sämtlichen orientalischen Gärten angepflanzt.

Während die Blüte bei der Herstellung von Pralinen und Feingebäck Verwendung findet, pflücken Parfümeure die Blätter der Pflanze. Von deren Duft ist der Patio de las Clementinas im Palacio de Viana in Córdoba erfüllt. Umschlossen von hohen Mauern und windgeschützt, ist der Boden des Gartens mit Veilchen übersät. Ihr Duft ist besonders intensiv, wenn sie noch nicht blühen. Sie werden dicht an dicht wie ein eng geknüpfter Teppich gepflanzt. Um sich zu vermehren, brauchen Veilchen ein kühles Klima und im Sommer lichten Schatten.

Casa de Pilatos, Sevilla (links).
Nur Mut zum überaus robusten Akanthus, er zählt zu den frühesten mehrjährigen Pflanzen. Bei anhaltender Trockenheit verliert er seine glänzenden Blätter. Sie wachsen aber beim ersten Regen wieder nach.

Palacio de Viana, Córdoba (oben).
Veilchenteppich unter Mandarinenbäumen.

113

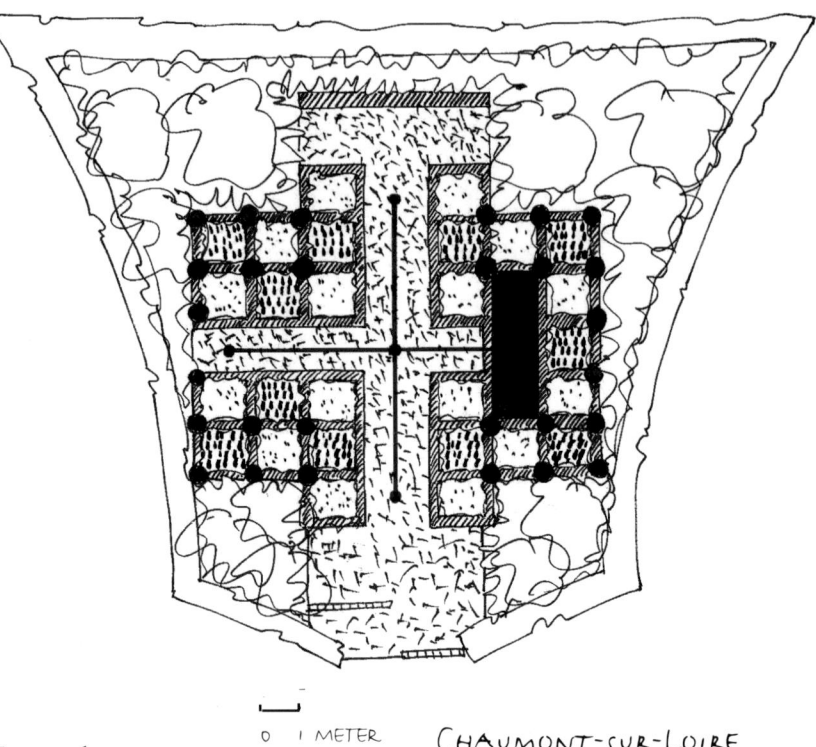

CHAUMONT-SUR-LOIRE
Paradiesgarten, 1998

Beete mit Heil- und Gewürzpflanzen

*. . . vom Duft schließlich
der tausend und eins Gewürze, Zierde
der hohen Hänge unserer lebendigen Hügel.*

MAHMÛD DARWÎSCH *(Palästina, 1960)*

Veilchenteppiche und die ausgefallene Kontur des Akanthusblattes werfen die Frage nach dem Laub im Garten auf. Die Antwort darauf ist im Regelwerk des *gulistân* nicht enthalten. Der Gärtner begibt sich zu den runden oder ovalen Blumenbeeten des *bustân* oder auf die Hügel, um die aromatischen Blätter zu sammeln, die keine Rose besitzt. In dem für das Gartenfestival von Chaumont-sur-Loire nach traditionellen Vorgaben entstandenen *gulistân* bestimmen Rosen die Komposition. Zwei Arten wechseln sich in buntem Schachbrettmuster ab: die purpurfarbene 'Chartreuse de Parme' und die goldgelbe 'Souvenir de Marcel Proust'. Am Fuße der Rosenstöcke werden die Farben durch einen Bodendecker aus aromatischen Pflanzen in ihrer Wirkung verstärkt. Im ersten Beet handelt es sich um den purpurblättrigen Garten- oder Edelsalbei *(Salvia officinalis* 'Purpurea'*)*, im zweiten um eine nach Curry riechende Strohblume mit kleinen, goldglänzenden Blüten und silbrigen Blättern, *Helichrysum angustifolium.* Die Erde hatte zu viel Wasser gespeichert, was nicht alle Salbeipflanzen überlebten. Sie wurden durch *Agastache mexicana* ersetzt. Auch für einige Strohblumen bedeutete zu starke Nässe das Aus; an ihre Stelle trat ein ebenfalls silbriges Distelgewächs, *Echinops* 'Artic Glow'. Ein kleines Zugeständnis in letzter Minute an den modernen Gartenbau!

Gewürz- und Heilpflanzen eignen sich im *gulistân* vorzüglich als Bodendecker, vorausgesetzt, sie werden nicht übermäßig bewässert und bekommen viel Sonne. So zählen Rosmarin, Lavendel, Oregano und Thymian zur bevorzugten Auswahl orientalischer Gärten. Im hinteren Bereich desselben Gartens, als Auftakt zu den Teppich-Gärten, befindet sich eine Mischung aus einjährigen weißen Blumen am Fuße einer Sommertamariske *(Tamarix africana)*: ein duftender Ziertabak *(Nicotiana sylvestris)*, eine weiße Spinnenpflanze *(Cleome)* und ein Stechapfel *(Datura metel)* mit trichterförmigen Blüten.

114

Gartenfestival von Chaumont-sur-Loire, 1998.
Ein Paradiesgarten von Arnaud Maurières und Éric Ossart,
in dem das aromareiche Laub im Sommer zur warmen Tageszeit
seinen Duft verströmt.

Wenn der Garten zum Teppich wird

Dieser Teppich ist ein Garten,
mit seinem leuchtenden Wasserbecken in der Mitte
und, über die verschiedenen Einfassungen verteilt,
seinen fein gearbeiteten Beeten,
den symbolhaften Tieren und Gestalten
zwischen Blumen und Verzierungen.

SALAH STÉTIÉ, *Lumière sur lumière*, 1992

Gartenfestival von Chaumont-sur-Loire, 1997.
Die Farben eines anatolischen Kelims können als Palette für die Komposition eines Blumenteppichs dienen. Wenn die Pflanzen auch nicht so langlebig sind wie das Wollgewebe, so warten sie doch mit überraschenden jahreszeitlichen Variationen auf.

Im Abendland wurden an Johannis die Wände der Kirchen mit Leintüchern bespannt, an denen die gesamte Flora angesteckt war, die Wiesen und Felder im ausgehenden Frühling zu bieten hatten. Für die Weber des späten Mittelalters war dies sicherlich die natürliche Vorlage zu den berühmten *Mille-fleurs*, riesigen blühenden Landschaften, die den Hintergrund zu den allegorischen oder religiös inspirierten Hauptmotiven bildeten.

Im Persien des 17. Jahrhunderts regten die umfriedeten Gärten der Oasen die Weber dazu an, regelrechte Gartenteppiche zu kreieren; Flüsse, in denen Fische und Wasservögel schwammen, schufen eine Vierteilung – eine Art Paradiesentwurf aus Wolle und Seide.

Wenn diese Schöpfungen von gestern zu Vorlagen für heutige Gärten werden, wenn Elemente der Pflanzenwelt an die Stelle von Kette und Schuss treten, dann steht dem Gärtner eine schier unerschöpfliche Quelle der Inspiration bereit. So können, einen Sommer lang, wirkliche Blumenteppiche entstehen.

Diese Blumenteppiche kann man wie einen Wollteppich über eine weite Rasenfläche legen, wobei man rechteckigen Formen den Vorzug geben sollte. Sie können auch zwischen zwei Alleen platziert oder von einer niedrigen Hecke, welche die Sonnenstrahlen passieren lässt, oder auch einem Weidengeflecht eingefasst werden.

Im Paradiesgarten von Cordes-sur-Ciel umschließt jede Umfriedung, jedes Paradies im Wortsinne, einen Blumenteppich, und in jedem Hof werden an Festtagen am Eingang der Umfriedung Matten und Teppiche ausgelegt. Der Gegenstand wird mit seinem Modell konfrontiert, mit dem Teppich, der als Vorlage für die Gestaltung des umschlossenen Raums gedient hat, mit den Blumen und Farben entsprechend dem Entwurf einer Weberin. Der Spaziergänger wird über den Teppich in den Garten geleitet. Die Schuhe werden abgelegt, dem Ort wird auf ähnliche Weise Respekt entgegengebracht wie dem Gastgeber, der nach orientalischer Tradition von seinem Gast mit bloßen Füßen begrüßt wird. Zumindest ist er sich bewusst, an einem Ort zu sein, der sich von seinem täglichen Umfeld unterscheidet und Ruhe und Aufmerksamkeit gebietet.

Einen Blumenteppich anlegen

◆ Das Prinzip ist einfach: Betrachten Sie die beim Pflügen gezogenen Furchen als Kettfäden, und pflanzen Sie den blühenden Schuss. Fünf bis sieben einjährige Pflanzen genügen für ein Motiv.

◆ Suchen Sie Arten aus, die farblich miteinander kontrastieren oder sich ergänzen, einige zu Saisonbeginn blühende wie Ringelblume, Ziertabak, der einjährige Sonnenhut oder hohen Leberbalsam (vermeiden Sie kleinwüchsige und kompakte Sorten) und andere, die sich erst am Ende des Sommers zeigen wie einjähriger Salbei, Stechapfel, Fenchel oder Beifuß.

◆ Kombinieren Sie mindestens zwei Blattpflanzen, um die Farben zu dämpfen und einen Hintergrund zu schaffen. Beifuß (*Artemisia* 'Powis Castle') oder die Kardone mit ihren silbrigen Blättern, Rotblättriges Basilikum oder die Nanking-Schwarznessel, Rotstieligen Mangold, Kohl oder Endivien. Suchen Sie aus Ihrem Gemüsegarten die Blätter aus, die zu ihren Beeten passen. Kombinieren Sie schwere, üppige Blüten wie die der Dahlie mit luftigen wie die von Minze, Verbene *(Verbena bonariensis)*, Fenchel und sonstigen Doldenblütlern (*Ammi visnaga* und anderen Knorpelmöhren).

◆ Legen Sie parallele Pflanzreihen im Abstand von 25 cm an. Von Reihe zu Reihe wird in gleicher Abfolge gepflanzt, beispielsweise: orangefarbene Dahlie – Ringelblume – Beifuß – Ringelblume – Leberbalsam – Fenchel.

◆ Auch zwischen den Pflanzen wird ein Abstand von 25 cm eingehalten und der gesamte Blütenteppich in versetzter Anordnung fertig gestellt. Sehr wichtig: In Übereinstimmung mit der Webtechnik und um ein lockeres, großzügiges Erscheinungsbild zu erhalten, wird die Pflanzenabfolge über das Ende jeder Reihe hinaus in der nächsten Reihe fortgeführt, wie in der Skizze deutlich gemacht.

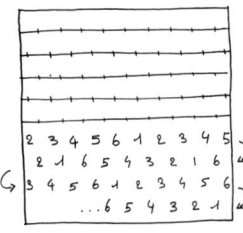

Paradiesgarten, Cordes-sur-Ciel.
Die Farben der Teppiche sind nicht die einzige Inspiration für den Gärtner: Webtechniken, die dargestellten
Motive und Symbole sind die Elemente, die auf den Garten übertragen werden können.

Die Dahlie, Blume des Paradieses

Als traditionelle Blume der Paradiesgärten kann die aus Mittelamerika stammende Dahlie nicht bezeichnet werden. Ihre üppige Blüte und ihre Farbenpracht aber machen sie zu einer der wichtigsten Sommerpflanzen bei der Komposition der Blumenteppiche. Wenn sie mit Stroh abgedeckt wird, kann die Dahlie in sämtlichen Regionen mit mildem Klima an ihrem Platz überwintern. Ansonsten ist es ratsam, sie im Winter in den Keller zu stellen.

Ableger von der Dahlie lassen sich sehr leicht ziehen – eine ausgezeichnete Möglichkeit, um alte Varietäten zu reproduzieren. Im Paradiesgarten von Cordes-sur-Ciel werden jedes Jahr etliche Arten getestet. Die Knollen treibenden Ableger werden im Frühjahr in den Boden gesetzt.

Mit ihrer fast schwarzen Farbe sind 'Radjah' und 'Chat-Noir' die dunkelsten Sorten. Gemeinsam mit orange blühenden Arten wie *Cosmos sulphureus, Tithonia* oder Ringelblume ergeben sie Kompositionen von einmaliger Intensität und muten ausgesprochen orientalisch an. 'Nez Rouge' und 'Borneo' haben, was selten ist, tiefrote Blüten, die man mit purpurfarbenen Blättern und weißen Blüten wie denen von 'Mont-Blanc'

oder 'Bouquet-Blanc' schön hervorheben kann. Zur Auflockerung nimmt man weiße Kosmeen und Prachtkerzen. Die mit Mandarine und Zinnoberrot mehrfarbige 'Clown', die sehr große Blüten besitzt, und die 'Sunset' mit ihrem goldgelben Herzen, das wie eine Sonne umkränzt ist, kontrastieren mit violetter Verbene, dem blauen Salbei *(Salvia farinacea)* und dem ebenfalls blauen Leberbalsam. Zu empfehlen sind auch die fast blauen Sorten, so etwa 'Lilac-Time', gemeinsam mit dem leuchtenden Orange der herrlichen 'Aztec'. Streuen Sie ein paar Doldenblütler ein, so den duftenden Fenchel oder Anis.

Paradiesgarten, Cordes-sur-Ciel (links): Dahlie 'Mont-Blanc'.

Von links nach rechts: Kaktusdahlie 'Joker', Kaktusdahlie 'Chat-Noir', Dahlie 'Bouquet-Blanc', Pompondahlie 'Radjah' und Dahlie 'Sunset' (oben).

Anlage und Pflege eines Blumenteppichs

◆ Man verwendet einjährige Pflanzen (Helianthus, Tabak, Petunie, Kosmee, Zinnie usw.), mehrjährige, im Sommer wachsende Pflanzen (Verbene, Fenchel, Beifuß usw.) oder Sommerblüher (hauptsächlich Dahlien). Sie werden zum selben Zeitpunkt gepflanzt, bei mediterranem Klima Ende April, bei gemäßigtem Klima nicht vor Mitte Mai. Einige großsamige Arten wie Kapuzinerkresse oder Rizinus werden mit drei bis fünf Samen in ein Saatloch gesät. Die anderen, keine Knollen bildenden Varietäten werden als Jungpflanzen gekauft (mit winzigen Erdballen oder im Kunststofftopf).

◆ Der Boden muss frei von Unkraut sein und mit Kompost und Torf angereichert werden. Drei Wochen nach dem Einpflanzen muss das Unkraut mit der Hacke entfernt werden. Später stehen die Pflanzen so dicht, dass sich kein Unkraut mehr entwickelt. Die ersten Blüten erscheinen, und rasch folgen immer wieder neue nach, sodass eine dauerhafte Blüte bis zum einsetzenden Frost garantiert ist.

123

Gartenfestival von Chaumont-sur-Loire, 1997.
Wenn man die Technik erst einmal beherrscht, kann sich der Teppich vom Modell entfernen, und die Inspirationen des Gärtners können sich in eine bestimmte Richtung entwickeln. In diesem orientalischen Garten wird die mittelalterliche Linie der *Mille-fleurs*-Tapisserien verfolgt.

Die Weidengeflecht-Einfriedung

Mit seiner vertikalen, Lichteffekte erzeugenden Struktur steht das Weidengeflecht mit dem Teppich in Beziehung. Der Schatten, der auf den Boden des Hofes, auf die Blumenteppiche und die Binsenmatten fällt, erinnert an die Lichteffekte hinter einem *muschrabîya* oder unter den Dächern orientalischer Suks.

Die Weiden werden im Herbst gepflanzt. Korbhändler am Loire-Ufer führen die Bündel mit den frischen, fast drei Meter langen Weidenruten. Diese werden paarweise etwa fünfzehn Zentimeter tief in fruchtbaren Boden gedrückt und zu einem losen Geflecht verbunden. Wenn sie in der darauf folgenden Saison reichlich gegossen werden, schlagen die Ruten Wurzeln und bilden schon im ersten Frühjahr eine Vielzahl von Blüten aus. Die neuen Triebe müssen regelmäßig geschnitten werden, damit die Struktur des Geflechts sichtbar bleibt.

Innerhalb von zwei bis drei Jahren wachsen die Ruten zusammen und bilden eine Barriere, die nur noch für Vögel und Sonnenstrahlen zu durchdringen ist.

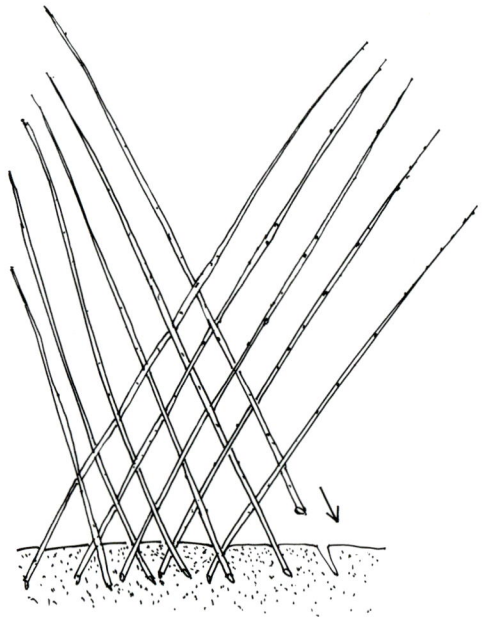

Paradiesgarten, Cordes-sur-Ciel.
Wenn das Weidengeflecht regelrechte Farbräume hervortreten lässt und mit Kieselsteinen belegte Höfe rahmt, muss man nur noch eine Matte oder einen Teppich ausbreiten, und das Fest kann beginnen ...

Der *riyâd* ist das architektonische Ensemble, bestehend aus dem Haus mitsamt dem zentralen Patio. Verglichen mit dem menzeh, dem Pavillon des *gulistân*, ist er genau umgekehrt angelegt: Von jedem Punkt des Gartens aus sieht man auf das Gebäude, das Hauptelement der Gesamtanlage. Der *riyâd* erscheint wie ein Raum unter freiem Himmel, in dem der Gast empfangen und zu den verschiedenen Eingängen des Hauses geleitet werden kann, oder aber, im Gegenteil, in dem bevorzugterweise der Empfang selbst stattfindet und zu dem der Zutritt vom Haus her erfolgt. Die meisten Stadtwohnsitze verfügen dementsprechend über zwei Gärten im Stil eines *riyâd:* Den ersten erahnt man von außen; man wirft einen verstohlenen Blick auf diesen Garten durch eine halb geöffnete Tür oder ein auffällig gearbeitetes Gitter; es ist ein Raum, den man durchschreitet, in dem man sich jedoch nicht aufhält.

Der zweite ist abgeschirmt von den Blicken und dem Lärm der Stadt; man verweilt lange darin an warmen Sommerabenden oder geht morgens darin spazieren und schaut sich nach unbekannten Blumen um, zupft einige Blätter einer Gewürzpflanze ab oder schneidet eine Rose, die eine Schale schmücken soll. Ob er zum Empfang oder zum Verweilen dient, sich in einem Dorf oder einer großen Stadt befindet, ob bescheiden oder üppig – der *riyâd* wird rings um einen Springbrunnen angelegt. In dieser Hinsicht lehnt er sich an das Prinzip der ersten heiligen Gärten an, die aus einer Quelle in der Mitte und einem steinernen Hof bestanden. Im Gegensatz zu diesen kann er jedoch auch dicht bepflanzt sein und sich, der *schahar-bagh*-Anlage folgend, in einen wirklichen *gulistân* verwandeln. Allerdings dienen die Alleen dann vorrangig als Zugänge zum Haus und sind erst in zweiter Linie symbolischer Ausdruck. Schließlich kann der *riyâd* auch mit Kübelpflanzen bestückt werden. Zu diesem Zweck bepflanzt man Keramikgefäße, die häufig glasiert sind, stellt sie auf den Boden und den Brunnenrand oder hängt sie an den Wänden auf, wie man es von den andalusischen Patios her kennt. Sowohl die Anlage als auch die einzelnen Bestandteile des *riyâd* bieten praktische Lösungen für die Schaffung eines modernen Gartens in der Stadt.

Mehr als jeder andere Garten ist der *riyâd* der Garten der Musik: für die Frauen, die bei der Hausarbeit singen (in bescheidenen Häusern dient der Innenhof häufig als Küche), für Tanz und Gesang bei weltlichen und religiösen Festen, für die Klänge von Ud (persische Laute), Geige und Schlaginstrumenten der Musikanten, die derlei Festivitäten begleiten. Der leise plätschernde Springbrunnen untermalt das Gurren der Tauben, die hier ihren Durst stillen.

»Geht mit euren Gattinnen ins Paradies ein
    und ergötzt euch (darin).«

Man macht unter ihnen mit Schüsseln aus Gold und mit Humpen
    die Runde, und es gibt darin, was das Herz begehrt

und woran sich das Auge erfreut.
    »Und ihr werdet (ewig) darin weilen.

Dies ist das Paradies, das ihr als Erbe erhalten
    habt (zum Lohn) für das, was ihr
    (in eurem Erdenleben) getan habt.
    Ihr findet [...] darin viele Früchte,
    von denen ihr (nach Belieben) essen könnt.«

KORAN, 43–70/73

Der *riyâd,*

GARTEN DER MUSIK UND DER FESTE

Ein umfriedeter Garten

Oh, umfriedeter Garten unserer Begegnungen,
der du durch das Feuer der Verbannung nun entrückt,
Schenk mir und dir diese blühenden Bäume wieder
und deren Duft eines ewigen Jenseits.

IBN HAMDÎS *(Sizilien, 11. Jahrhundert)*

Dieser umfriedete Garten steht in einer Reihe mit dem mittelalterlichen *hortus conclusus,* dem klassischen Garten der Heiligen Jungfrau. Auch er zeigt den augenfälligen Bezug zwischen diesen Gärten des Orients, die von den Kreuzfahrern entdeckt wurden, und der abendländischen Ikonografie, die alle biblischen Szenen, insbesondere die aus dem Leben Mariens, hierher verlegt. Dieser Paradiesgarten ist ein verborgener Garten, in dem man sich sowohl vor den Blicken der Außenwelt abschirmen als auch einer nach innen gerichteten Vision zuwenden kann.
Ob weltliche oder geistige Liebe – zwischen diesen Mauern ruft der Dichter beide gleichermaßen an und spielt unablässig mit der Mehrdeutigkeit der Worte oder schlicht mit Großbuchstaben, um seine Leserschaft zu irritieren.
Wenn im *riyâd* Musiker empfangen werden, so begleiten diese auch die Dichter, bevor Tänzerinnen auftreten und die Gedanken um ein eher irdisches Paradies zu kreisen beginnen. Dieser Garten gibt sich hinter geschlossenen Türen zu erkennen.
Begrenzt wird der *riyâd* von einer Mauer – der Fassade eines Hauses oder einer Umfriedungsmauer -, Organisches tritt zugunsten von Anorganischem in den Hintergrund. Alle Materialien werden in Übereinstimmung mit Ursprung und Lage des Gartens eingesetzt. Ob aus Lehm, Ton- oder Terrakottasteinen oder verputzt, ihre Beschaffenheit ist von grundlegender Bedeutung und maßgeblich für die ornamentale Sprache des *riyâd.* Ihre Farbe bestimmt alle übrigen Farben, und die kontrastierenden oder sich ergänzenden Effekte im Zusammenspiel mit anderen Elementen wie Boden, Brunnen oder Vegetation entscheiden über den unmittelbaren Eindruck, den man von dem Ort gewinnt. Licht und Schatten sind übersteigert: Der Schatten ist dicht, das Licht grell, je nach Ausrichtung der Mauern. Diese absorbieren die Sonnenstrahlen oder lenken sie auf lichtärmere Stellen. Der *riyâd* ist gleichermaßen ein Garten der Musik wie des Lichts.

Palacio de Viana, Córdoba (links).
Eine Umfriedung und ein Springbrunnen in der Mitte sind die wesentlichen Bestandteile des *riyâd,* der darüber hinaus mit Skulpturen oder Kübelpflanzen bestückt werden kann.

Mauern aus Lehm

Im Garten von Fayum ist der *riyâd* des Hauses in Pisee-
bauweise errichtet, bei der die Mauern durch Einstamp-
fen von Lehm zwischen Verschalungen errichtet werden.
Dieser Technik kann man sich in Ländern bedienen, in
denen es nicht oder nur wenig regnet. Der *riyâd* um-
grenzt einen kleinen Gartenhof, den ein Springbrunnen
aus glasiertem Ton belebt, eine Arbeit der Bewohner
dieses Ortes, deren Beruf das Keramikhandwerk ist. Die
dominante Farbe ist der natürliche Ockerton der Erde.
Der Hof besteht aus gestampfter Erde. Über ihn gelangt man in den Hammam, in einen weiteren *riyâd*
sowie in ein Schlafzimmer. Die hinterste Wand stützt
eine Treppe, die zum *menzeh* führt. Der Schatten einer
einzigen Palme genügt als Schutz vor direktem Sonnenlicht. Die getrockneten Palmzweige vom selben
Baum dienen auf der Treppe als durchbrochene Schattenspender, die Lichtspiele an die Wände werfen. Zu
jeder Jahreszeit blühen Blumen in den Tontöpfen, die
den *riyâd* zieren. Eine schlichte Holzbank bietet sich
im Winter als Leseecke an.
Der Gartenhof ist von bescheidener Größe: Zwanzig
Quadratmeter reichen aus, um eine Stimmung zu erzeugen, in der man auf angenehme Weise entspannen
oder seine Wartezeit verbringen kann.

Ockerfarbene Mauern und Kalktünche

Einem zeitgenössischeren Entwurf folgend, ist der *riyâd*
von Fournials von zwei verputzten Mauern, der Fassade des *menzeh* und einer bepflanzten Böschung umgeben. Die Position der Trennmauern geht auf den mexikanischen Architekten Luis Barragan zurück. So kann
der umfriedete Garten direkt an das Haus anschließen,
sofern dieses nur über eine Ebene verfügt. Der Boden
besteht aus Kieselsteinen, Sandsteinplatten lenken die
Schritte zum Haus, in den Garten oder die Felder.

Mit Jasmin bepflanzte Kübel stehen auf dem Boden.
Der Springbrunnen befindet sich nicht im Hof,
sondern im angrenzenden Pavillon.
Die Mauern sind aus Leichtbausteinen, verputzt mit
einer Kalk-Zement-Mischung und mit einer Kalktünche gestrichen, deren Tönung von einem aus den
örtlichen Steinbrüchen gewonnenen Oxid herrührt.
In Spanien oder im Maghreb werden die Mauern jedes
Jahr weiß getüncht. Die übereinander liegenden Schich-
ten ergeben eine einzigartige Oberfläche, die den
geringsten Sonnenstrahl reflektiert.

Kalk oder Farbe?

◆ Tünchen ist nicht schwer: Auf 10 Liter Wasser kommen 4 Kilogramm fetter Kalk, 1 Kilogramm Oxidpulver
und 100 Gramm Alaun zur Fixierung der Wasserfarbe.
Die Mischung muss zwei oder drei Stunden ruhen,
bevor sie mit einem weichen Quast auf den Putz
aufgetragen wird.
Je nach Ausrichtung der Mauern müssen diese alle
zwei bis drei Jahre erneut gestrichen werden; Regen
wäscht die Tünche schneller aus.

◆ Heutzutage gibt es Mineralfarben auf der Grundlage von Silikat, die deutlich länger halten. In Nord-
europa werden sie für bunte Häuserfassaden verwendet. Die fertigen Mischungen werden wie Kalktünche
aufgetragen.

131

Garten von Fournials, Frankreich.
Die Mauern des *riyâd* wurden aus Leichtbausteinen errichtet, mit einer Kalk-Zement-
Mischung verputzt und mit einer oxidgetönten Kalktünche gestrichen.

Garten des archäologischen Museums, Córdoba.
Die weiß getünchten Mauern reflektieren das Licht
noch in die äußersten Winkel schattiger Höfe.

Nur ein flüchtiger Blick

Übertreten wir die Schwelle zum Garten des Islam. In diesem Fall ist das Wort »Schwelle« kein Bild, sondern die reine Wirklichkeit, denn in diesen in der Regel mit alten, dicken Mauern umfriedeten Garten gelangt man durch ein oft niedriges und kunstloses Tor.

SALAH STÉTIÉ, *Lumière sur lumière*, 1992

Im *gulistân* befindet sich der *menzeh* in der Mitte des Gartens. Im *riyâd* ist es umgekehrt: Der Garten steht im Zentrum des Anwesens. Türen und Fenster verbergen und enthüllen in gleichem Maße. Es ist eine Einladung, einem Lichtstrahl zu folgen und seine Schritte gleichermaßen durch die Paradiesflüsse stromaufwärts bis zur einzigen Quelle zu lenken.

In Andalusien rivalisieren die Häuser in dieser Kunst der Suggestion miteinander, und beim Fest der Patios in Córdoba wird einer tagtäglichen Frustration entgegengewirkt: nämlich von außen zu schauen, aber nicht eintreten zu dürfen. Auch hier ist es für den Dichter nahe liegend, die Reize des *riyâd* mit denen einer verschleierten Frau zu vergleichen.

Im Maghreb fällt die Suggestion diskreter aus; einzig das Plätschern des Springbrunnens und das Stimmengesäusel singender Frauen dringen nach außen. Den Garten umgibt ein Lattenzaun, und trotz geöffneter Tür erblickt das Auge nur einen Gang, der diese Klänge nach außen leitet. Sie geben Auskunft vom Garten, zu dem nur der Gast Zutritt hat. Und so sehen alle gespannt einem Fest der Patios in Fes oder Tunis entgegen.

Eisengitter und Holztür

Es kommt nicht von ungefähr, dass die spanischen Kunstschmiede im ganzen Mittelmeerraum einen großen Namen haben: Die Gitter der Patios offenbaren nämlich eine ebenso fleißige Kunst wie die der Gartengestaltung. Und wenn diese einmal vernachlässigt wird, schenkt ihr jene den Rahmen, der ihre Würde wieder herstellt. Ob nüchtern oder verziert, das schmiedeeiserne Gitter ist unverzichtbar im andalusischen *riyâd*. Man hat ihm nachgesagt, es sei nicht mehr zeitgemäß, was durch das moderne Design widerlegt wurde. Darüber hinaus bietet Metall gegenüber jedem anderen Material den Vorteil wirklicher Sicherheit.

132

Garten von Fournials, Frankreich (links).
Eingangstor zum Garten.

Casa de Pilatos, Sevilla (rechts).
Fenster des *menzeh*, das hinaus zum Garten geht.

Hinter den Gittern werden Krüge und Statuen in ansprechender Weise angeordnet. Allerdings kann man sie nicht berühren. Häufig aber, wenn der Spaziergänger an der Tür des Anwesens läutet und sein Interesse für die Gärten bekundet, dreht der Besitzer auch schon den Schlüssel im Schloss herum und öffnet das Tor zum Paradies. Holzgitter im Stil eines *muschrabíya* gehören zum islamischen Repertoire. Zwar werden sie meistens für die Fenster eines *menzeh* verwendet, doch geben sie auch stabile Pforten ab.

Die minutiösen Techniken der Kunstschreinerei finden bei der Umzäunung keine Anwendung. Lieber nimmt man dicke Holzstücke, die zu einem Gitterwerk zusammengesetzt werden. Der besondere Zuschnitt der Hölzer und ihre verschlungene Anordnung gehören zu den wiederkehrenden Motiven in der traditionellen Ornamentik des *riyâd*.

Im Paradiesgarten von Cordes-sur-Ciel erinnert der Eingang zum Garten an mittelalterliche Geflechte. Hier handelt es sich um eines aus dünnen, langen Kastanienstangen, welches das Licht passieren lässt. Es wird dieselbe Technik angewendet wie bei der Korbflechterei, nur das Holz ist ein anderes. Die Zweige werden verflochten, solange sie noch jung und biegsam sind.

Im Garten von Fournials oder im Palast von Viana wurden einfache, massive Holztüren in die Mauern eingelassen. Von den architektonischen Elementen des Anwesens unterscheiden sie sich durch eine originelle Farbe. Der gewählte Kontrast verleiht der Schwelle des Gartens einen ganz eigenen Charakter. In Fournials steht eine salbeigrüne Tür in einer ockerfarbenen Mauer, in Viana ist es eine azurblaue Tür in einer weißen Mauer.

Paradiesgarten, Cordes-sur-Ciel.
Eingangstor zum Garten in Form eines Geflechts
aus langen Kastanienstangen.

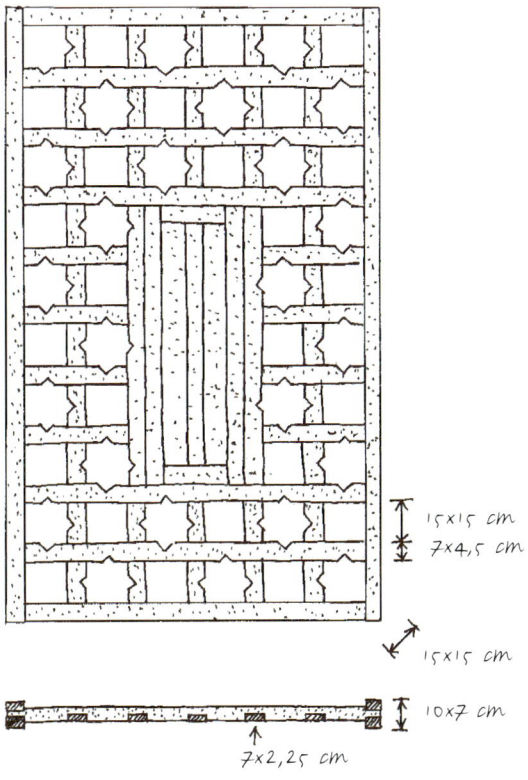

15×15 cm
7×4,5 cm

15×15 cm

10×7 cm

7×2,25 cm

0 10 20 30 40 50 cm

Der Bau eines Fensters im *muschrabîya*-Stil

◆ Der besondere Zuschnitt der Hölzer und die Art,
wie sie zusammengefügt werden, ergeben die wiederkehrenden Motive in der traditionellen Ornamentik
des *riyâd*.

135

Wie das Plätschern des Wassers

*Ich sehe das Wasser, das aus
seiner Quelle emporsprudelt …
Die Zweige der Bäume, die
wie bußfertige Sünder tanzen,
Die Blätter, die wie
Spielmänner klatschen.*

DSCHALÂL-AD-DÎN RÛMÎ *(Persien, 13. Jahrhundert)*

All diese Gärten leben einzig und allein durch das Wasser. Der *bustân* ergießt sich vom Wasserbecken in die Kanäle, der *gulistân* reflektiert das Paradies in seinem Spiegel, und der *riyâd* hütet in seiner Mitte die alleinige Quelle. Verstummt der Springbrunnen, zerfällt der Garten in seine einzelnen Bestandteile. Er lässt nur noch Pflanzen, Mauern und Fliesen erkennen, er hat keine Seele mehr. Ohne dieses Plätschern, das Lachen und Weinen untermalt, herrscht nichts als Stille. Fließt die Quelle erneut, erwacht alles wieder zum Leben. Der Springbrunnen verleiht dem Garten sein eigentliches Wesen. Und ob er traditionell oder zeitgemäß ist, dezent oder auffällig – der *riyâd* ist sein Ebenbild. Nach ihm richtet sich die Gestaltung des Ganzen: Ein dunkler, steinerner Springbrunnen verlangt nach einfacher Erde und einem mit Kieselsteinen verlegten Boden; ein Brunnen aus blauen Fliesen gibt die dominierende Farbe des Gartens vor, und die Pflanzen werden so ausgewählt, dass ihre Blütenfarben mit dem Blau kontrastieren oder es ergänzen. Ein Springbrunnen aus Marmor schließlich setzt auch einen Marmorboden voraus sowie glasierte Pflanzkübel. Der Springbrunnen bestimmt das Wesen des *riyâd*. Natürlich harmoniert er mit den Mauern, den Toren und der gesamten Architektur des Anwesens. Im Laufe der Geschichte sind die Springbrunnen größer geworden. In den ersten Gärten im *riyâd*-Stil waren sie in den Boden eingelassen; dann wurden sie zu niedrigen Wasserbecken, die sich in einen umlaufenden Kanal ergießen – wie noch immer in den traditionellen arabischen Gärten.

In der Renaissance stellten Osmanen und Christen die Becken auf schlanke Säulen, auf behauene Sockel, die eher der Bildhauerkunst als dem Handwerk des Brunnenbaus zu entstammen schienen. In der klassischen Epoche wurden die Becken übereinander getürmt, sodass mit wirklichen Monumenten inmitten von riesigen Höfen aufgewartet wurde, durch die sich eine weitere Gestaltung meistenteils erübrigte. Zeitgenössische Landschaftsgärtner kehren zur ursprünglichen Nüchternheit zurück und betten das Wasser in einfarbige viereckige Becken oder in Behälter aus dickwandigem Glas.

137

Garten des Alchimisten, Eygalières-en-Provence (links).
Der von Arnaud Maurières und Éric Ossart geschaffene Garten veranschaulicht die Werke dieser Geheimlehre. Die Form des Springbrunnens bildet die des Chrysopras nach, der den Stein der Weisen verkörpert.

Der Bau eines Springbrunnens

Der Springbrunnen prägt den *riyâd* mehr als die eigentliche Gartengestaltung. Die Wahl des Materials kann die arabisch-andalusische Welt vor Augen führen oder, im Gegenteil, ein rigoros zeitgenössisches Bild schaffen und den Garten dem westlichen Lebensstil zuordnen. In den *riyâd*-Anlagen im Garten von Cordes wurden kleine, kubische Springbrunnen angelegt, die als geschlossener Kreislauf funktionieren. Sie sind mit einfarbigen Azulejos gefliest. Da diese Fliesen frostempfindlich sind, muss man die Springbrunnen als eigenständige Einheit transportieren können. Ihr hölzernes Gerüst ist wie ein Schiffsrumpf mit einem Filz und einem wasserundurchlässigen Harz abgedichtet. Die Außenseite ist gefliest, die kleine Pumpe liegt versteckt im Wasserauffangbecken unter einer Platte in der Mitte.

Auch der Springbrunnen im Zentrum des Pavillons im Garten von Fournials funktioniert als geschlossener Kreislauf. Er ist in den Boden des Gebäudes eingelassen und bedarf, abgesehen von der jährlichen Reinigung der unter Wasser liegenden Pumpe, keiner besonderen Pflege. Das Wasser ist nicht der Sonne ausgesetzt und bleibt daher sauber, ohne behandelt oder gewechselt zu werden.

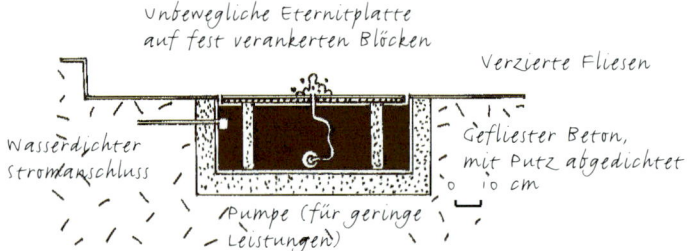

Unbewegliche Eternitplatte auf fest verankerten Blöcken

Verzierte Fliesen

Wasserdichter Stromanschluss

Gefliester Beton, mit Putz abgedichtet

0 10 cm

Pumpe (für geringe Leistungen)

Unbeweglicher Deckel

Wasserdichter Stromanschluss

Blaue Fliesen

Mit marineblauen Fliesen belegtes Sperrholz, mit glasfaserverstärktem Kunststoff (GFK) abgedichtet

0 10cm

Pumpe (für geringe Leistungen)

Garten von Fournials, Frankreich.
Die Quelle, die der Besucher als Erstes erblickt, ist ein alter Brunnen, in dem eine Unterwasserpumpe das Wasser hinauf in einen steinernen Speier befördert.

Paradiesgarten, Cordes-sur-Ciel
Die gefliesten Brunnen stehen im Sommer auf dem Boden und im Winter frostsicher überdacht.

Verschiedene Bodengestaltungen

Was den dess *angeht, so gibt es einen regelrechten Ritus, der beim Feststampfen der Erde ausgeführt wird. Über Stunden hinweg arbeiten die daran Beteiligten zu mehreren zusammen. Jeder von ihnen besitzt zwei Arten von Rammen, schwere Blöcke, die wie ein Besen aufgestielt sind und mit Wucht auf den Boden niedergehen. Alle Rammen fallen gleichzeitig, und zu dieser gemeinsamen Bewegung gibt der Gesang den Takt vor.*

ANDRÉ PACCARD,
Le Maroc et l'artisanat traditionnel islamique dans l'architecture, 1983

Gestampfte Erde

Gestampfte Erde, auf marokkanisch *dess,* ist der schlichteste Boden, wie er auch im *riyâd* von Fayum zu sehen ist. Sie besteht zu drei Vierteln aus Schwemmsand und zu einem Viertel aus Kalk und aus Wasser. Die Mischung wird in einer zwanzig Zentimeter hohen Schicht auf den Boden aufgetragen und über Stunden hinweg fest gestampft. Der Vorgang ist beendet, wenn die Kalkmilch hervortritt.

Mit dieser Technik erzielt man gute Resultate, und selbst in niederschlagsreichen Gegenden halten die Böden etliche Jahre. Die Erde muss im Sommer gestampft werden, damit sie vor den ersten Regenfällen gut getrocknet ist.

Kies und gebrochene Ziegel

Der Boden mit seinen Klängen kann teilnehmen an der Musik des Gartens. Schritte auf Kies, gebrochenem Ziegelstein oder gespaltenem Schiefer erzeugen jeweils andere Geräusche und lassen hören, wo sich der Spaziergänger gerade aufhält. Im Paradiesgarten von Chaumont-sur-Loire wurden Reste des Tons, aus dem auch die Keramiken gefertigt sind, zerkleinert und über den Boden verstreut. Im Bogengang am Eingang des Gartens in Cordes bilden die Schieferabfälle aus einem Steinbruch in der Montagne Noire einen ausgesprochen klangvollen Belag.

Von einfachen Kieselsteinen zu komplexen Mustern

In der Provence und in Spanien bestehen die Böden eines *riyâd* aus Kieselsteinen. Sie stammen aus Kiesgruben oder von Flussufern. Werden sie aus dem Meer geholt, spült man sie lange mit Süßwasser, um das Salz auszuwaschen, da andernfalls der Mörtel nicht bindet.

141

Garten des archäologischen Museums, Córdoba (links).
Der Boden des größten *riyâd* ist mit einem Schachbrettmuster aus Steinplatten und verlegten Kieselsteinen gestaltet. Die Kalla steht mit ihrem Topf im Wasserbecken.

Garten von Fayum, Ägypten.
Ein Palmwedelgeflecht wirft seinen Schatten auf die Wände und den Lehmboden.

Die Kieselsteine werden nach Größe und Farbe ausgesucht. Die Muster aus kleinen Steinen wirken ausgesprochen kostbar, während solche aus Steinen mit größerem Durchmesser eher rustikal aussehen. Mit kontrastreichen Farben lassen sich Muster kreieren.

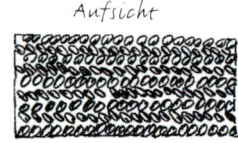

Aufsicht

Ausschnitt: Boden mit
verlegten Kieselsteinen

10 cm
0

Querschnitt

Kieselsteinbett — 4 cm
Sand und trockener Zement — 6 cm
Estrich — 10 cm
Grundschicht — 10 cm

Das Verlegen von Kieselsteinen

◆ Zunächst wird eine trockene Mischung aus zwei Teilen Sand und einem Teil Zement hergestellt und 5 bis 10 cm hoch – je nach Größe der Kieselsteine – ausgebreitet. Der Untergrund muss flach und stabil sein. Darauf wird Stein für Stein das Muster verlegt. Zuletzt übergießt man den Boden mit reichlich Wasser, wodurch der Mörtel gebunden wird.

◆ Wenn der Boden noch nicht ganz trocken ist, werden die verlegten Steine mit einer nassen Bürste gereinigt.

Gartenfestival von Chaumont-sur-Loire, 1998 (rechts).
Die Bruchkeramik auf dem Boden besteht aus den Brennabfällen eines Ateliers, in dem das Material für die Kanäle gefertigt wurde.

Ziegelsteinbeläge

Natürlich können die Böden mit Terrakotta- oder
Steinfliesen belegt werden. Manche Tonerden vertragen
keinen Frost und springen nach wenigen Wintern,
weswegen die Auswahl sehr sorgfältig erfolgen sollte.
Sinterware, bei Temperaturen über 1200 °C gebrannt,
ist die beste wetterfeste Keramik. Auch Ziegelsteine
werden verwendet: Man verlegt sie hochkant im Fischgrätverbund. Der Boden im Orangenhof von Sevilla
besteht aus Ziegelsteinen: Sie deuten, je nach der Richtung, in der sie verlegt sind, die Kanäle an. Böden aus
Ziegelstein erinnern an die berühmten *bejmat*-Fliesen
aus Marokko, die lang und schmal sind und aus-
schließlich als Bodenbelag verwendet werden.

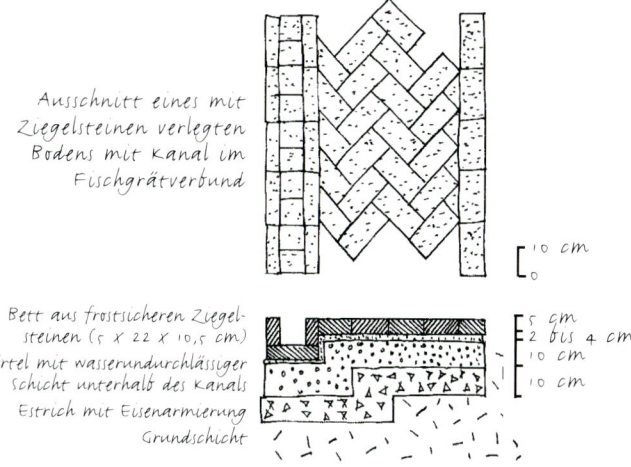

Ausschnitt eines mit
Ziegelsteinen verlegten
Bodens mit Kanal im
Fischgrätverbund

Bett aus frostsicheren Ziegel-
steinen (5 × 22 × 10,5 cm)
Mörtel mit wasserundurchlässiger
Schicht unterhalb des Kanals
Estrich mit Eisenarmierung
Grundschicht

Einen Boden aus Kies oder gebrochenen Ziegeln verlegen

◆ Zunächst den Untergrund vorbereiten und alle
Unebenheiten mit einer Sandschicht ausgleichen. Die
gesamte Oberfläche mit geotextilem Material aus-
legen und den Belag gleichmäßig darauf verteilen. Um
bequem gehen zu können und Stürzen vorzubeugen,
Keramikscherben, Schieferbruch und Kies von kleine-
rem Format aussuchen.

145

Orangenhof, Sevilla.
Der Boden besteht aus hochkant verlegten Ziegelsteinen, die
die Bewässerungskanäle einfassen.

Gärten aus Keramik

*Die Erde ... Endlich ist das Wort gefallen.
Denn um sie geht es hier, um die Erde, die durch
erfahrene Hände zu einem für eine Familie oder eine
Gemeinschaft von Bauern unverzichtbaren Gegenstand
geformt wurde. Schaut euch diese Gegenstände an ...
Es gibt sie nur, weil es die Erde gibt. Sie stehen in
direktem Zusammenhang mit der Vorstellungswelt des
Handwerkers, der sie geschaffen hat.*

EDMONDE CHARLES-ROUX, *Terres de Méditerranée,* 1992

Und wenn wir in dem Text von Edmonde Charles-Roux
»Gärten« anstelle von »Gegenständen« lesen würden?
Schaut sie an, diese Gärten ... Sie existieren nur, weil es
Erde gibt. Diese Erde ist nicht nur der nährende Boden,
in der jede Pflanze Wurzeln schlägt, sie wird auch der
Untergrund für die glasierte Fliese, die, indem sie sämtliche Mauern des *riyâd* verkleidet, einen vertikalen Garten entstehen lässt; für den Springbrunnen, der dem
Wasser ein buntes Schmuckkästchen darbietet; und nicht
zuletzt für die Kübel, die sämtliche Kräuter in Reichwei-
te der Köchin bereithalten, Duftpflanzen aller Art unter
dem Fenster der Braut, alle erdenklichen seltenen und
exotischen Blumen. Gärtner und Töpfer, beide sind
Künstler, die mit Erde arbeiten, mit ungebrannter oder
gebrannter Erde, Meister des Wassers der eine, Meister
des Feuers der andere, Paradies und Hölle: Im *riyâd* sind
die Grenzen zwischen ihnen fließend, das Werk des
einen bringt das des anderen erst richtig zur Geltung.
In den Mittelmeerländern wird die Erde in hohen
Öfen gebrannt. Die Brennkammern befinden sich
oberhalb der Feuerstelle. Das Feuer wird mit Palmzweigen, mit Rückständen, die bei der Olivenölherstel-
lung anfallen – eine Mischung aus Kernen und fettem
Fruchtfleisch –, mit Dornensträuchern und verschiede-
nerlei Geäst geschürt. Holz ist eher die Ausnahme.
Die Erde wird in unmittelbarer Nähe der Ateliers gewonnen: Sie werden dort angesiedelt, wo der Rohstoff
reichlich vorhanden ist. Die Künstler tun sich in eigenen Vierteln nahe der Stadt zusammen, wo sie Tonge-
fäße zum Kühlen des Wassers sowie Wasserkrüge, Tie-
gel, *braseros* und *tajine*-Töpfe zum Kochen, Ziegelsteine,
Platten und Dachziegel für den Häuserbau sowie Fliesen und Pflanzkübel für den *riyâd* verkaufen.
All diese Gegenstände prägen das Bild des Gartens: Die
Wasserkühler stehen auf dem Rand des Beckens oder
Springbrunnens, der Wasserkrug auf einem Dreifuß unter dem Vorbau des Portals, der *brasero* findet seinen Platz
im Gartenhof, damit er nicht das Haus verräuchert, und
oft werden die Mahlzeiten draußen eingenommen, im
Schatten eines Orangen- oder Mispelbaums.

Garten von Fayum, Ägypten (rechts).
Der Springbrunnen dieses kleinen *riyâd* wurde von den Eigentümern des Gartens im
Stil orientalischer Keramikkunst des Mittelalters entworfen und gefertigt.

Palacio de Viana, Córdoba (links).
Zinerarien auf gefliestem Untergrund.

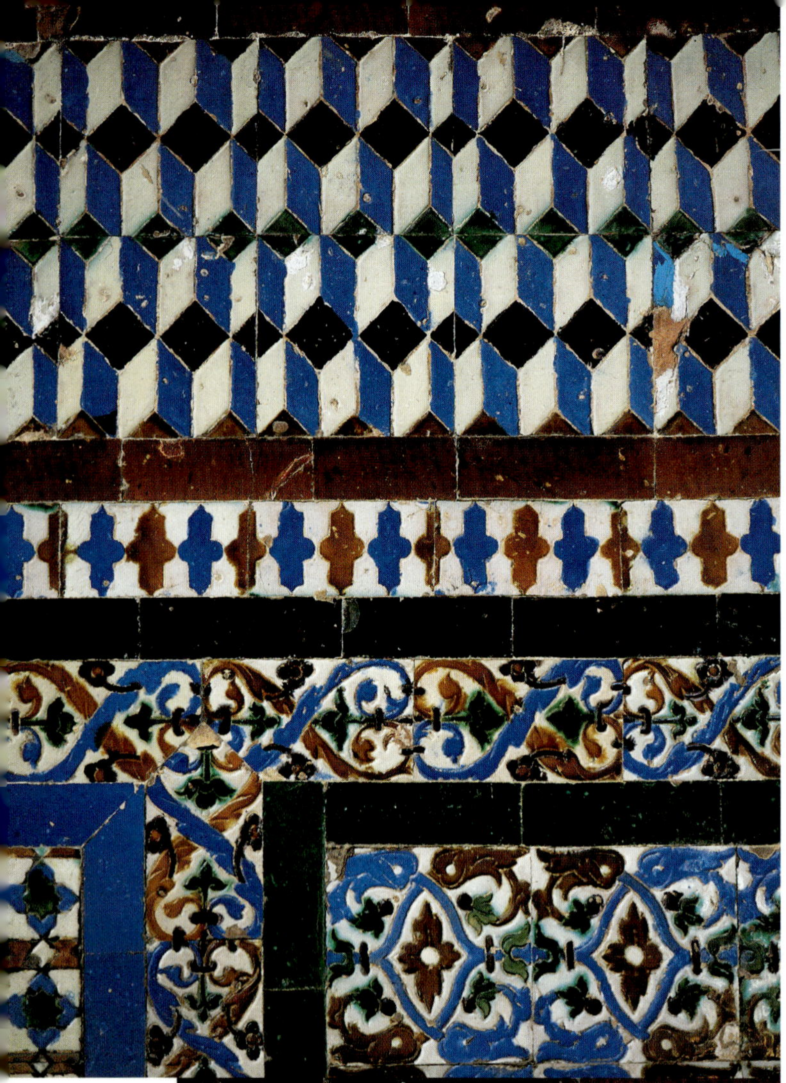

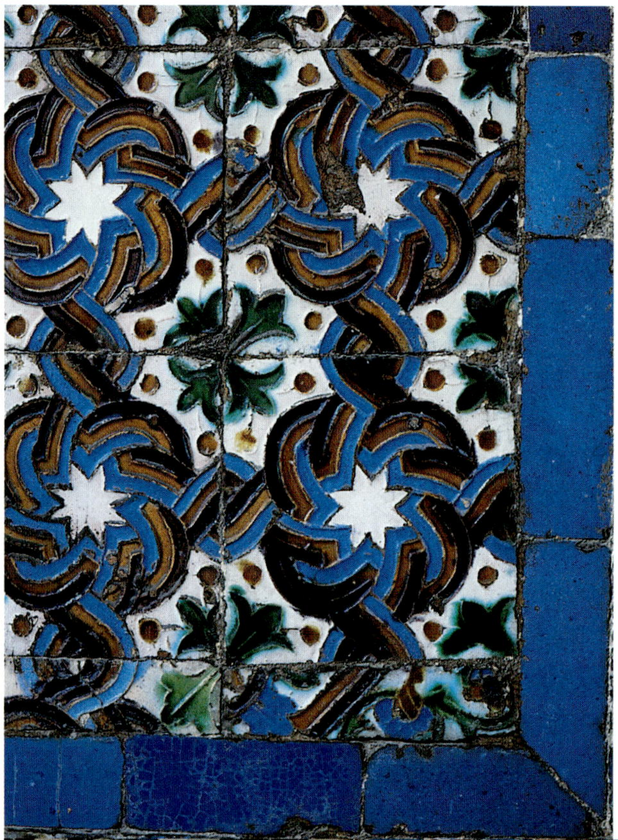

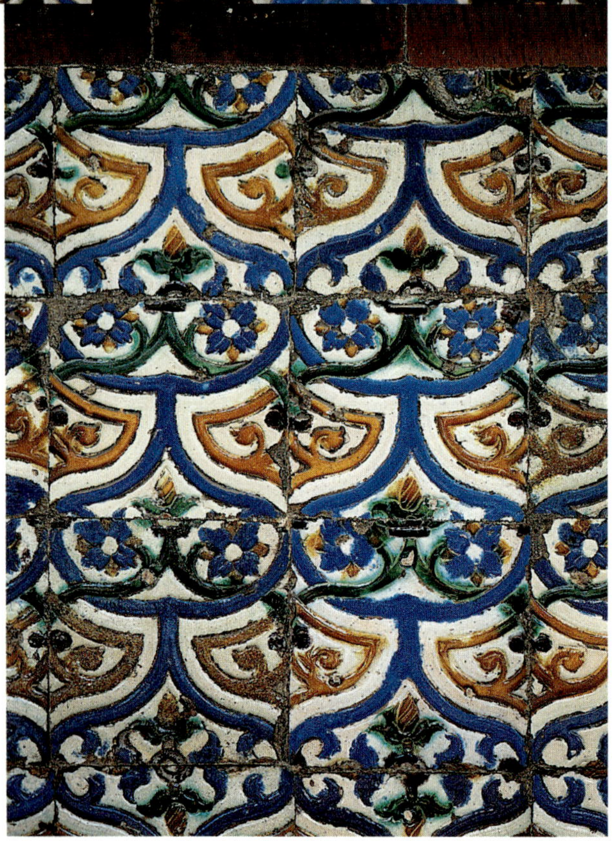

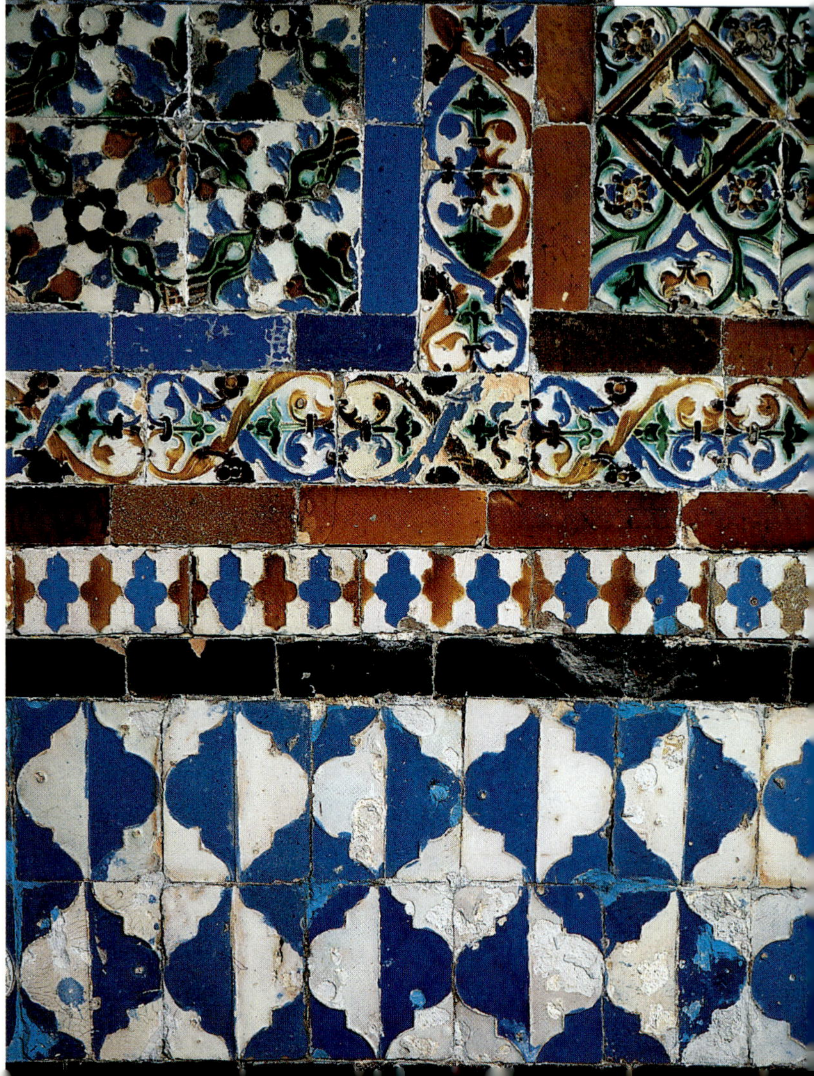

Zellige und Azulejos

In warmen Ländern stehen die Häuser im Halbschatten, damit sie kühl bleiben. Doch das ist nicht alles: Grüner Bleiglanz spiegelt die Pracht der Vegetation, der gelbe strahlt wie die Sonne.

ANTOINETTE FAŸ-HAILLÉ,
Terres au quotidien, Katalog des Musée du Vieux Nîmes, 1995

Bemalte Keramik erfordert zwei Brennvorgänge: einen ersten, um die Erde zu brennen, und einen zweiten, um die Glasur zu schmelzen. Diese Glasur ist der besagte Bleiglanz, ein Schwefelblei, das in den Bergen Nordafrikas gewonnen und nach Europa exportiert wird, wo man Töpfe und Fliesen damit glasiert. Das französische Wort *alquifoux* kommt vom arabischen *al-kuhl,* das ein feines Pulver bezeichnet (daher auch Khôl zum Schminken der Augen und Alkohol, Synonym für den Weingeist, den man nicht mit den Fingern betasten konnte). Bleiglanz verleiht einen seidigen Glanz; er darf für Speisegeschirre heute nicht mehr verwendet werden. Das ornamentale Repertoire ist so reich wie ein Geschichtsbuch. Die Moslems haben eine Vorliebe für geometrische und florale Muster. »Blumenarabesken, Rankenornamente und Girlanden entfalteten sich schon bald auf sämtlichen Oberflächen und waren auf sämtlichen Materialien zu finden, von den kostbarsten bis hin zu den gewöhnlichsten« (Salah Stétié[1]). Die Christen entwickeln figurative Darstellungen und bilden Tiere, Menschen und abstrakte Motive ab. Die zahlreichen *riyâd*-Gärten in der Casa de Pilatos in Sevilla bieten einen vollständigen Katalog der Keramikdekors der vergangenen fünf Jahrhunderte: Vom Boden bis zur Decke sind die Wände damit geschmückt. Die Herstellung der Fliesen ist von Land zu Land verschieden. In Marokko wurde die *zellige*-Fliese entwickelt, die bereits im Mittelalter von den Andalusiern verwendet wurde. Es handelt sich um wahrhaftige Mosaike aus Ton: Die glasierten Fliesen werden nach dem Brennen in kleine geometrische Elemente geschnitten.

Casa de Pilatos, Sevilla.
Die Keramikfliesen schaffen die augenfällige Verbindung zwischen Haus und Garten.
Das dekorative Repertoire verrät entfernteste Einflüsse, bedient sich aber auch der lokalen Traditionen, um neue Wohnstätten und Gärten zu zieren.

Es gibt fast zweihundert verschiedene Formen; jede hat eine eigene Bezeichnung. Diese Elemente werden dann zu schlichten oder auch höchst komplexen Mustern zusammengesetzt. In Tunesien werden die Formen vor dem Brennvorgang und dem Bemalen mit Emailfarben ausgeschnitten. In Europa sind die Fliesen von einheitlicher Form und werden vor dem zweiten Brennen bemalt. Sie werden Azulejos genannt, ihrer blauen Farbe wegen – auf Spanisch *azul;* insbesondere in Portugal stehen sie für ein namhaftes Erzeugnis.

Tontöpfe

Der göttliche Töpfer schuf uns aus Lehm,
auf dem Kopf stehend wie Krüge.
Dann dreht er uns schweigend um und wieder herum
und füllt uns den Schädel mit Melancholie.

ʿUMAR CHAYYÂM *(Persien, 12. Jahrhundert)*

Die Drehscheibe des Töpfers hat zu Metaphern inspiriert, die die Faszination dieses Handwerks spiegeln. Früher hatte in den Mittelmeerländern jedes Dorf seinen Töpfer. Heute sind die Haushaltsbehältnisse aus Metall oder Kunststoff, doch arbeitet der Töpfer weiterhin für den Garten. Die Gestaltung der Pflanzkübel ist mit der des *riyâd* insgesamt untrennbar verbunden.

In Frankreich befinden sich die großen Zentren des Töpferhandwerks in Aubagne nahe Marseille, in Saint-Quentin-la-Poterie und in Anduze im Département Gard, in Castelnaudary im Département Aude oder in Biot bei Grasse.

Sehr viel zahlreicher sind sie in Spanien, wo von Katalonien bis Andalusien die Ateliers, die früher auf die Fabrikation von Ölkrügen spezialisiert waren, heute Pflanzkübel für den Garten herstellen. Fajalauza vor den Toren von Granada setzt diese Tradition seit der *Reconquista* als getreue Nachfahrin der arabischen Manufakturen fort.

Auch Italien, Kreta und die Türkei haben große Produktionsstätten. Unter den moslemischen Ländern zählen Marokko und Tunesien zu den bedeutendsten Keramikherstellern. Fes, Safi, Nabeul, Moknin und Djerba sind die wichtigsten Zentren.

Die Techniken sind in jedem Atelier andere. Vor allem bei der Herstellung großer Teile übertrifft man sich gegenseitig in der Kunst seines Handwerks. Die Qualität des Tons sowie die Brennmethoden stehen der Verbreitung ein und derselben Technik entgegen: Jeder passt sich den Verhältnissen an, die er vorfindet.

Charles Eissautier in Saint-Quentin-la-Poterie bearbeitet den Ton aus Uzès mit einem Seil. In Aubagne formt Ravel seine großen Krüge. In Djerba werden diese aus einem Stück gefertigt, während in den Ateliers auf Kreta mehrere Elemente vor dem Brennvorgang zusammengesetzt werden.

Die Kunst des Töpfers ist ebenso faszinierend wie die des Gärtners. Die Entwicklung neuer Formen ist nicht nur eine Frage des Musters, es gilt vielmehr eine Vielzahl von Parametern zu berücksichtigen. Das Ergebnis hängt ebenso von der ursprünglichen Idee des Gestalters ab wie vom Können des Töpfers.

Im Paradiesgarten von Cordes werden für jeden Teil des Gartens verschiedene Modelle kreiert, und die Eigenart eines jeden *riyâd* wandelt sich von Jahr zu Jahr, je nachdem, mit welcher Keramik er ausgestattet ist.

Atelier in Guellala, Tunesien.
In diesen Ateliers, in denen das überlieferte Wissen bewahrt wurde, lassen Arnaud Maurières und Éric Ossart für jeden von ihnen entworfenen Garten originale Töpferwaren anfertigen. Auf den Bildern erkennt man die Behälter für den Garten des Alchimisten.

Exotische Verlockungen

Alles in diesem Garten —
jede Pflanze,
die einmal ihren ureigenen Platz gefunden hat —
entsteht, wächst, blüht und trägt Früchte
an einem wie dafür geschaffenen Ort.

SALAH STÉTIÉ, *Lumière sur lumière*, 1992

Noch bevor es den ersten Garten gab, konnten Blumen auf eine stolze Vergangenheit zurückblicken und waren geradezu vorherbestimmt, die schönsten Paradiese zu schmücken. Ob es sich um Blumen aus Kleinasien, dem Vorderen Orient oder der Mittelmeerküste handelt — der Mensch hat die Sprache des *gulistân* bei heimatlichen Spaziergängen und auf dem Boden seiner Eroberungen entwickelt.

Weitere Reisen durch andere Kontinente in weniger als einem Jahrhundert genügten dem modernen Gärtner, um das Paradies mit neuen Blumen und Blättern zu bereichern, seine alten Entdeckungen gerieten bisweilen in Vergessenheit. Mit ungleich größerem Facettenreichtum haben die Blumen aus den amerikanischen Tropen oder vom australischen Kontinent die Jahreszeiten durcheinander gebracht, indem sie mitten im Sommer oder aber im Winter zu blühen begannen … Im *riyâd* wird ihnen der Schutz der Mauern zuteil, die kostbare Verkleidung der tönernen Gefäße und die respektvolle Aufmerksamkeit des Gärtners, der Tag für Tag den Hof seines Hauses durchschreitet. Der *riyâd*, ein klassischer Empfangsgarten, will seine Gäste in Erstaunen versetzen: Die Inszenierung fremdartiger Pflanzen trägt zu diesem Bemühen bei. Diese neuen Pflanzen, ein Zugeständnis des orientalischen Gartens an die Moderne, werden von der zeitgenössischen Gestaltung nicht mehr ignoriert.

Im Laufe des 19. Jahrhunderts gelangten sie mit dem Schiff hierher und fanden ihren Platz in den prunkvollen Glaspalästen, die man eigens für sie errichtete. Blumen, die heute gängig sind, wie Indisches Blumenrohr oder Dahlien, waren damals begehrte Sammlerobjekte; sie wurden getauscht oder zu Höchstpreisen verkauft und stets in Gewächshäusern gehalten. Mit der Entwicklung des Gartenbaus fanden die Pflanzen größere Verbreitung und verließen die Grenzen der botanischen Gärten, um in den Wohnhäusern Einzug zu halten oder einen Sommer lang städtische Grün- und Parkanlagen zum Blühen zu bringen. Mittlerweile gehören sie zum Alltag, und die Tore unseres *riyâd* haben sich geöffnet, um diese schönen Exoten bei sich aufzunehmen.

153

Paradiesgarten, Cordes-sur-Ciel (links).
Die Datura wächst sehr schnell und trägt im Sommer viele Blüten.
Die frostempfindliche Pflanze wird in hohe Tonkübel gesetzt und
steht den Winter über in einem unbeheizten Gewächshaus.

Garten des archäologischen Museums, Córdoba (oben).
Kalla und Pelargonien auf dem Beckenrand.

Die Freiheit beim Pflanzen

Im Zuge dieser Mode, Fremdes heimisch zu machen, wurde auch der dekorative Wert etlicher bei uns gängiger Pflanzen wieder entdeckt. So gelangten beispielsweise mehrjährige, in den Bergen beheimatete Pflanzen in die Täler, und durch Selektion gewonnene Arten passten sich veränderten Lebensbedingungen an. Selbst Gräser, die einst als Unkraut galten, gehören heute zur Grundausstattung eines Gartens. Und die Gärtner, glühende Verfechter der unantastbaren Artenvielfalt, säen, tauschen, kaufen und pflanzen die Flora der ganzen Welt. Nach und nach werden die Beete unseres Paradieses zu Experimentierfeldern des Gartenbaus. Vielleicht geht es zu weit, alles besitzen und kultivieren zu wollen, einem Noah gleich, der als Botaniker seine Arche bevölkert, bevor der Planet verödet. Roberto Burle-Marx, der sich als landschaftsgestaltenden Bildhauer bezeichnete und an dem man in Sachen Botanik nicht vorbei kam, hatte er doch auf seinen Expeditionen in die Wälder seiner Heimat Brasilien etliche neue Arten entdeckt, betrachtete den Garten als eine Schöpfung des Menschen, wohl nach dem Vorbild des Paradieses, aber ganz vom Menschen geprägt. In einem Garten dienen die Pflanzen in erster Linie dem Wunsch des Gärtners, nicht dem der Natur. Die Arche rettet noch vorhandene Arten vor einem Sturm, nicht aber vor ihrem Verschwinden. Artenvielfalt wird durch natürlichen Artenschutz gewährleistet und nicht durch die Bewahrung von Genmaterial bei gleichzeitig fehlenden Anbauflächen oder mangelnden Möglichkeiten, die Pflanzen umsiedeln zu können. Der *riyâd* ist ein Lustgarten, ein Ort der Freiheit, in dem sich sämtliche Sinne des Menschen zu Wort melden. Welche Pflanze der Gärtner also auch immer aussucht, sie soll »seinem einzig Begehr« entsprechen. Pflanzen Sie großzügig, und Sie werden reichlich ernten. So lautet die Devise für den orientalischen Garten.

Palacio de Viana, Córdoba.
Die aus Italien stammende Flockenblume *(Centhaurea ragusina)*, als Kübelpflanze in einem andalusischen Patio ... Exotik ist nicht nur in den Tropen zu Hause!

Paradiesgarten, Cordes-sur-Ciel.
Ein Duftgarten aus Kübelpflanzen: Heliotrop riecht nach Vanille, die Strohblume nach Curry
und die Blätter des Wandelröschens verströmen einen kampferartigen Duft.

Wildgräser

Der zeitgenössische *riyâd* von Fournials ist auf drei Seiten gemauert. Die vierte Seite ist eine dicht bepflanzte Böschung, eine bildhafte Schutzwand, die den Blick zurück in den Hof lenkt, wo er festgehalten wird. Es ist ein Garten der Gräser. Sie sind in parallelen Reihen gepflanzt, die vom Hof zum Garten hin langsam ansteigen. Durch diese Anlage wird ihre natürliche Silhouette hervorgehoben, und es entsteht ein Eindruck von Vertikalität.

Den hintersten Vorhang bildet Riesenschilf, *Arundo donax*. Dieses über drei Meter hohe Schilfrohr wächst wild in den sumpfigen Gebieten rund um das Mittelmeer, verträgt aber auch aridere Böden sehr gut. Bei Frost geht es manchmal ein, wächst aber im nächsten April umso schöner. Ovid zufolge erfand Pan die nach ihm benannte Flöte, als er in dieses Schilfrohr blies. Dabei entstand ein so außergewöhnlicher Ton, dass die bis dahin friedlich grasenden Herden in Angst und Schrecken versetzt wurden. Noch heute wird in der Gegend von Hyères Riesenschilf angebaut, das zur Herstellung der Rohrblätter im Mundstück von Blasinstrumenten dient.

Vor diesem mythischen Schilf steht das nicht minder berühmte Pampasgras. So sonderbar es aussieht, wenn es vereinzelt auf dem Rasen steht, so erlesen wirkt es in Büscheln gepflanzt. Wählen Sie die Zwergform *Gynerium pumila*, deren Höhe für den Garten vollkommen ausreicht.

Das biegsamste Gras ist ein Chinaschilf mit mehrfarbigen Halmen, *Miscanthus sinensis* 'Variegatus', das büschelweise wächst, ohne den gesamten Garten zu überwuchern. Im Vordergrund schließlich steht ein Federborstengras (*Pennisetum orientale*) als niedrigstes

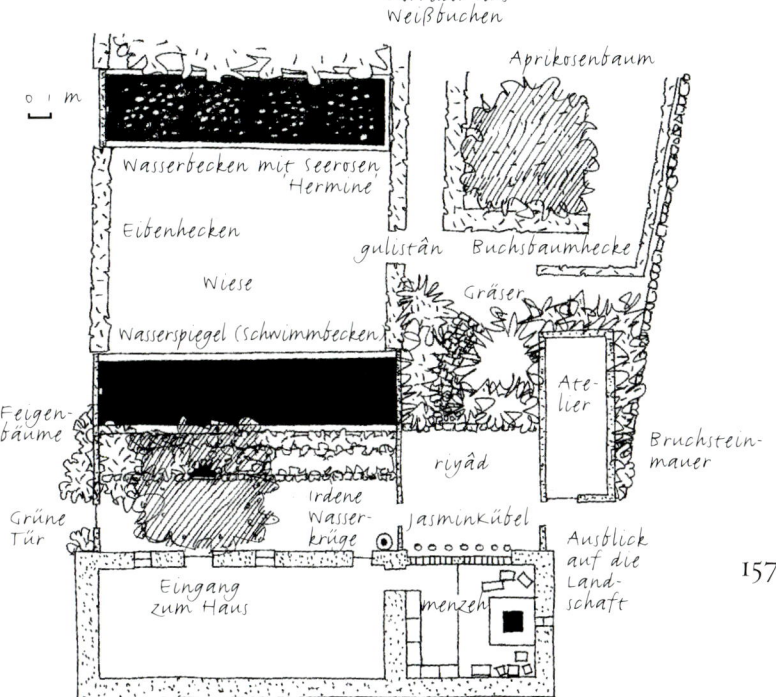

Garten von Fournials

Garten von Fournials, Frankreich.
Dieser Garten wurde als pflegeleichter Feriengarten konzipiert. Weißbuchenhecken teilen eine Eichenbaumgruppe, während ockerfarbene Mauern den Hof und einen Garten mit Kräutern und Gräsern wie Wolfsmilch (*Euphorbia*), Schwarzkümmel (*Nigella*) und Chinaschilf (*Miscanthus*) rahmen. Sie müssen lediglich am Ende des Winters gereinigt werden. Die Gerste wird jeden Winter neu ausgesät.

157

Garten von Fayum, Ägypten.
Kakteen und andere Wasser speichernde Pflanzen eignen sich hervorragend als Kübelpflanze: Der Boden ist sehr trocken,
und vor Frost schützt man sie, indem man sie in einem sonnigen Glashaus unterstellt.

Gras dieser Auswahl. Selbst im Winter, wenn sie getrocknet sind, bewahren Gräser eine gewisse Eleganz. In diesem *riyâd* werden ihnen zwei weitere robuste Pflanzen zur Seite gestellt: eine rote Taglilie wegen ihrer Farbe und eine Minze, die auch noch so kleine Zwischenräume füllt, wegen ihres Dufts.

Ein Garten mit Pflanzkübeln

Mein Herz hat sich von seinen Ängsten und Nöten befreit, indem es all seine Kraft aus dem Duft des grünen Basilikums schöpfte.

RIZQALLAH CHAWÂM *(Syrien, 1887-1961)*

Manche Pflanzengruppierungen, die sich im Freiland als schwierig erweisen, ergeben sich im Kübel fast wie von selbst. Kombinieren Sie Düfte und Farben: Ein Basilikum mit purpurroten Blättern (*Ocimum basilicum* 'Red Rubin') und eine dunkelblau blühende, stark duftende Petunie (*Petunia* 'Outremer'), ein nach Vanille riechendes Heliotrop (*Heliotropium peruvianum*) und eine duftende Gladiole (*Acidanthera murielae*), eine Kassie (*Cassia corymbosa*) mit goldgelben Blüten und eine silberblättrige Strohblume (*Helichrysum italicum*).
Unter den unverzichtbaren Pelargonien entscheide man sich für die Arten mit duftenden Blättern: Manche riechen nach Rosen (*Pelargonium* 'Attar of Roses', *P. graveolens*), andere nach Eukalyptus (*P. fragans*) oder Minze (*P. tomentosum*), und viele liegen zwischen Mandarine und Zitronenmelisse (*P.* 'Mabel Grey'); seltener sind diejenigen, die den Duft von grünen Äpfeln imitieren (*P. odoratissimum*). Natürlich gibt es alle erdenklichen Blütenvarietäten, und unter Nachbarn kann man bequem den einen oder anderen Ableger tauschen.

Kübelpflanzen

◆ Kübelpflanzen benötigen tagtägliche Pflege: Wassermangel kann fatal sein für Pflanzen, die nicht im Freiland stehen. Den Besonderheiten jeder einzelnen Kübelpflanze muss dabei Rechnung getragen werden. Im Sommer werden die Bromeliaceae (Ananasgewächse) im Hof des Paradiesgartens in Cordes jeden Tag mit Wasser besprüht, während ihre Wurzeln wenig Wasser brauchen. Im Gegensatz dazu muss der Stechapfel, der in der heißen Jahreszeit seinen Blütenduft verbreitet, stets mit Wasser versorgt und gut gedüngt sein. Für ein relativ feuchtes Klima an den Wurzelballen pflanzt man Tradeskantien, die über den Topf hinaus hängen und wie eine natürliche Strohabdeckung wirken.

◆ Sämtliche Kübelpflanzen sind kälteempfindlich und müssen in der schlechten Jahreszeit an einem kühlen, trockenen und hellen Ort stehen. Während des Überwinterns werden sie weniger gegossen (die Erde muss vor dem erneuten Gießen trocken sein) und vor allem nicht gedüngt.

159

es eine Variante mit mehrfarbigen Blättern. Am häufigsten angebaut wird die weiße Zimmerkalla *(Zantedeschia aethiopica)*, deren Blütezeit bei geschütztem Standort schon im Januar beginnt und bis Juni andauert. Als Altarschmuck tritt sie oft an die Stelle der Madonnenlilie. In ihrer Heimat ist die Kalla eine Sumpfpflanze; entsprechend reichlich muss man sie gießen. Den Sommer über können die Töpfe im Springbrunnen unter Wasser gesetzt werden. Weitere Pflanzen, die als Kübelpflanzen gedeihen, sind Kräuter und Nelken. Zu einem regelrechten Duftgarten wird der *riyâd*, wenn man Basilikum und Minze, Salbei und Rosmarin kombiniert und das Ganze mit einer Spur Nelke verfeinert …

Das Spiel mit den Kontrasten

Es ist ein Garten, den das Wolkenmeer soeben unter seine Fittiche genommen hat,
Ein Garten mit fruchtbarer Erde, unbekannt, rätselhaft.

'Antara *(Arabische Halbinsel, 6.–7. Jahrhundert)*

In Cordes-sur-Ciel befindet sich am Eingang zum Paradiesgarten ein Laubengang. Er verläuft rings um eine Quelle, die in einen blau gefliesten Springbrunnen gefasst ist. Dieser *riyâd* ist von Steinmauern umgeben, die die Intimität des Ortes bewahren. Ein Geflecht aus Kastanienzweigen überdacht die Alleen und bildet in

In Spanien sind die von den Kanarischen Inseln stammenden Zinerarien *(Senecio heritieri)* die ungekrönten Königinnen der Patios. Es sind Übergangspflanzen, die in der Kühle des Frühjahrs und in den Herbstnebeln im *riyâd* ihre ganze Farbenpracht entfalten. Die margeritenförmigen Blüten warten mit sämtlichen (bei einjährigen Pflanzen allerdings seltenen) Blautönen sowie allen Purpur- und Roséschattierungen auf, die perfekt zu den Farben der Azulejos passen. Viele der originelleren, meist aus Südafrika stammenden Zwiebelgewächse blühen als Kübelpflanzen sogar noch üppiger als im Freiland. Das gilt auch für die Klivie, die sich gegen Ende des Winters mit orangefarbenen Blütendolden schmückt. *Clivia miniata* hat stärker ausgebildete Blüten in einem dunkleren Orangerot, das ausgefallener ist als das von *C. nobilis.* Die enzianblauen Blüten des Agapanthus *(Agapanthus umbellatus)* öffnen sich im Juni. Die Blütezeit ist kurz, aber spektakulär. Die weniger verbreitete *Tulbaghia violacea* trägt den ganzen Sommer über kleine rosa Blütendolden, die essbar sind und nach Knoblauch schmecken. Von ihr gibt

160

Von links nach rechts: Ein *Crassula arborescens* im Palacio de Viana, eine Petunie 'Outremer', ein Rotblättriges Basilikum und eine Pelargonien-Hybride.

Garten des Alchimisten, Eygalières-en-Provence (rechts): Im Garten der »schwarzen Kunst« ist Schlangenbart *(Ophiopogon)* mit fast schwarzen Blättern in elf riesige irdene Kübel gepflanzt (elf ist die kleinste Zahl, die Zahl allen Anfangs …).

Form zweier Tore den Abschluss des Gartens. Der Springbrunnen liegt – wie eine Opfergabe an das den *riyâd* versorgende Wasser – inmitten eines Teppichs aus Blumenrohr *(Canna)* in leuchtenden warmen Farben. Im Vergleich beispielsweise zu der riesigen *Canna edulis* handelt es sich um eine Auswahl so genannter Halbzwergarten, die dem zerstreuten Spaziergänger den Eingang zum Garten verdecken. Der Name *(edulis* bedeutet »essbar«) erinnert daran, dass diese Art in Südamerika, woher sämtliche *Canna*-Arten stammen, wegen ihrer verzehrbaren Wurzelknollen angebaut wird. Zu Füßen der *Canna* wird ein Bodendecker tropischen Ursprungs, Harfenstrauch *(Plectranthus* 'Variegatus'), als einjährige Pflanze platziert. Im Winter werden manche Stöcke herausgenommen und deren Ableger im März wieder eingepflanzt. Die treibenden Stecklinge werden zeitgleich mit der *Canna* gepflanzt. Reibt man die Blätter dieses Harfenstrauchs aneinander, so geben sie den Geruch von Patschuli frei.

Auf diesen ersten *riyâd* folgt ein zweiter, ein riesiges, umfriedetes Gelände, in dem drei blaue Springbrunnen stehen, die mit dem ersten identisch sind. Das Ambiente ist ebenso exotisch, weniger farbenfroh und dafür umso üppiger. Den Boden bedeckt ein Teppich aus enzianblau blühendem Salbei, *Salvia patens.* Diese aus dem mexikanischen Bergland stammende Art übersteht milde Winter, kann jedoch auch als einjährige Pflanze kultiviert werden. Ihr Gefährte ist *Plectranthus* 'Purpuratus', der auf dieselbe Weise kultiviert wird wie der im Bogengang. Sein purpurfarbenes Blattwerk riecht nach Pampelmuse. Aus diesem Teppich ragen *Agastache mexicana* hervor, die an eine Brennessel mit violetten Blüten und Blättern mit Anisaroma erinnert, und rosafarbene Spinnenpflanzen *(Cleome).* Diese zwei Pflanzen samen sich jedes Jahr wieder aus und sorgen in diesem originellen *riyâd* für Überraschungen. Schatten spenden die breiten Blätter der einzig robusten Bananenstaude, *Musa basjoo,* die aus Japan stammt. Sie benötigt viel Wasser und einen ausgesprochen nährstoffreichen Boden. Im Winter werden die Blätter entfernt und die Stümpfe mit Stroh umwickelt.

Alles über das Blumenrohr *(Canna)*

◆ Die *Canna* wird im Mai gepflanzt, wenn der Boden sich erwärmt. Im Winter wird sie in nicht frostfreien Gegenden mit Stroh abgedeckt. Bei rauem Klima sollte man die Knollen in ein Winterquartier bringen, wie die Dahlien auch. *Canna* verlangt nach einem sonnigen Standort und fruchtbarem Boden, sie will oft gegossen werden. Bei Wassermangel rollen sich die Blätter ein wie Zigarettenpapier.

◆ Wählen Sie die Sorte 'Lucifer' mit den goldgelben, rot gesprenkelten Blüten, die ebenfalls goldgelbe 'Caballero' mit den orangefarbenen Tupfen oder die orangefarbene, gelb umrandete 'Tarudant'. Noch kräftiger sind die Rose 'Centenaire' und die karmesinrote 'Tafarout'.

163

Paradiesgarten, Cordes-sur-Ciel.
Der Springbrunnen am Eingang des kleinen *riyâd* ist von einem Bogengang in Form eines Geflechts aus Kastanienstangen und einem *Canna*-Beet umgeben. Gegen Ende des Sommers verschwindet er unter den Blüten.

Abendliche Lichter

Ein Feuer, das dem des leuchtenden Weines gleicht,
doch dessen Glanz sich verliert,
wenn Trunkenheit den Blick mit tausend Funkeln
erfüllt . . .
Flaschen und Tabletts stehen vor unseren Augen
wie die Sterne am Firmament, das diese durchstreifen,
von einem unsichtbaren Tierkreis gelenkt,
eine stumme Sprache sprechend,
die all ihre Tugenden zum Ausdruck bringt:
Gäste eines ausgewählten Festmahls,
bei dem die dezente Schönheit der Dinge
zu reiner Harmonie verschmilzt!

ALI AL-BAGHDÂDÎ *(Bagdad, 14. Jahrhundert)*

Diese Reise geht in einer Sternennacht zu Ende. Eine Nacht, der Kerzenflammen Licht spenden, eine laue, vom Jasminduft durchdrungene Nacht. Es ist die erste Sommernacht im *riyâd* des Gartens von Fournials. Heute Abend werden viele Freunde erwartet, die von weit her gekommen sind und sich erschöpft im Schatten der Weißbuchen ausruhen. Jüngere Gefährten, die hier ihre Reise zu beginnen hoffen. Unter uns sind herausragende Köche und Motivjäger, Gärtner, die nach getaner Arbeit vor sich hin träumen, Schriftsteller, Geschichtenerzähler und einige Musiker.

In Kupferkrügen steht kühles Rosenwasser zum Reinigen der Hände bereit. Glaskaraffen vom Suk in Aleppo sind mit spanischem Wein gefüllt. Jeder bringt seine Ausbeute mit: Einer trägt ein Silberkreuz bei sich, das ihm ein Tuareg bei einer abendlichen Zusammenkunft in der Wüste geschenkt hat; eine Frau ist in Seide gehüllt, die sie in Damaskus bei einem Schneider gegen die Armbanduhr ihres Vaters eingetauscht hat; eine andere kommt nur mit drei *Euphorbia*-Samen, die, wie sie

sagt, von der Steilküste Agadirs stammen. Der jüngste Gast zeigt ein Tamburin, das seine Eltern ihm aus Ägypten mitgebracht haben. Der Großzügigste offeriert die neueste Platte von Anouar Brahem, einem überaus produktiven, talentierten tunesischen Musiker. Die Frauen in der Küche üben sich im »Yu-yu«, während sie Mandeln für die Paste enthäuten. Zwei alte Freunde treffen sich wieder und gehen auf die Terrasse, um sich über ihre unglücklichen Liebesgeschichten auszutauschen; einer war mit der Tochter eines Gärtners verheiratet, die weder ihren Vater noch den Garten ihrer Kindheit verlassen konnte, ohne in tiefste Schwermut zu versinken. Ich glaube übrigens, dass ihr Vater der Mann ist, von dem die aus Agadir kommende Frau die *Euphorbia*-Samen bekam. Aber kann man es wissen? Ich trage die Erinnerungen in mir, um einen Garten zu entwerfen. Und die Freunde ergänzen mit ihren Geschichten meine Erinnerungen. So kann ich zwischen Gemüsegarten und Atelier den geeigneten Baum pflanzen, der morgen das Kind beschirmen wird, das meine Schwester heute in sich trägt. Wir sind eben Paradiesgärtner — und Sie?

Fußnoten

ZUM GELEIT

[1] F. BRAUDEL: *La Méditerranée et le monde méditerranéen à l'époque de Philippe II,* 1949 (dt. *Das Mittelmeer und die mediterrane Welt in der Epoche Philipps II.,* 1979)

BUSTÂN

[1] PIERRE LOTI: *Au Maroc,* 1890 (dt. *Im Zeichen der Sahara,* 1991).

[2] A. DE CANDOLLE: *Origine des plantes cultivées,* 1883.

[3] ALAIN HERVÉ: *La passion des palmiers,* 1995.

[4] LAWRENCE DURRELL: *Prospero's Cell,* 1945.

[5] SALAH STÉTIÉ: *Lumière sur lumière,* 1992.

GULISTÂN

[1] H. DUGARD: »Les Jardins de Marrakech« in *France-Maroc.*

[2] HELLMUT BAUMANN: *Die griechische Pflanzenwelt in Mythos, Kunst und Literatur,* 1982.

[3] HELLMUT BAUMANN: *Die griechische Pflanzenwelt in Mythos, Kunst und Literatur,* 1982.

Bibliographie

'ATTÂR, FARÎD AD-DÎN: *Vogelgespräche und andere klassische Texte*, vorgest. von Annemarie Schimmel, 1999.

BAUMANN, HELLMUT: *Die griechische Pflanzenwelt in Mythos, Kunst und Literatur*, 1982.

BAZIN, GERMAIN: *DuMont's Geschichte der Gartenbaukunst*, DuMont Buchverlag, 1990.

BERMUDEZ LOPEZ, J./GALERA ANDREU, P.: *The Alhambra and Generalife, Official guide*, 1984.

BIANCO, STEFANO: *Hofhaus und Paradiesgarten - Architektur und Lebensformen in der islamischen Welt*, C. Beck Verlag, 1991.

BOUVIER, L./MAURIÈRES, A./OSSART, E.: *Jardin de voyage*, 1999.

BRAUDEL, FERNAND: *La Méditerranée et le monde méditerranéen à l'époque de Philippe II*, 1949 (dt. *Das Mittelmeer und die mediterrane Welt in der Epoche Philipps II.*, 1979).

CANDOLLE, A. DE: *Origine des plantes cultivées*, 1883.

CHÈVRE, MATHILDE/DHAOUI-BAUER, ZEÏNEB: *Süßes aus dem Orient — Arabische und jüdische Traditionen, 40 Rezepte*, Christian Verlag, 2000.

COLLAERT, J. P./MAURIÈRES, A./OSSART, E.: *L'art du tapis de fleurs*, 2000.

COWELL, FRANK RICHARD: *Gartenkunst — Von der Antike bis zur Gegenwart*, Belser Verlag, 1979.

Cuadernos de la Alhambra, Schriftensammlung, Bd. 28, 1992.

DARWÎSCH, MAHMÛD: *Weniger Rosen*, 1996.

EL FAÏZ, MOHAMMED: *Les Jardins historiques de Marrakech*, 1996.

FIDALGO, ANA MARIN: *Los Jardines del Alcazar de Sevilla durante los siglos XVI y XVII*, in »Cuadernos de la Alhambra«, Bd. 24, 1988.

Gärten des Islam, hrsg. v. Forkl, H./Kalter, J./Leisten, T./Pavaloi, M., 1993.

GRÈCY, JULES: *Die Alhambra zu Granada*, 2000.

HANTELMANN, CHRISTA VON (Hrsg.): *Gärten des Orients*, DuMont Buchverlag, 1999.

Die Heilige Schrift, Altes und Neues Testament, aus der Vulgata übers., 1929.

HERVÉ, ALAIN: *La Passion des palmiers*, 1995.

HÖGER-ORTNER, ILSE: *Vom Zauber der alten Rosen*, BLV Verlagsgesellschaft, 1994.

IBN ZAIDÛN UND WALLÂDA: *Gedichte einer großen Liebe aus Andalusiens Maurenzeit*, 1990.

IRVING, WASHINGTON: *Alhambra*, 1832.

JOHNSON, HUGH: Das große Buch der Gartenkunst, Hallwag Verlag, 1980.

Der Koran, übers. von Rudi Paret, 1979.

LAROT, DINA: *Paradiesgarten*, R. Ertel, 1997.

LORD, TONY: *Gärten voller Rosen — Gestaltung, Sortenauswahl, Kultur und Pflege*, Christian Verlag, 2000.

LOTI, PIERRE: *Au Maroc*, 1890 (dt. *Im Zeichen der Sahara*, 1991).

MATVEJEVIC, PREDRAG: *Mediteransk brevijar*, 1987 (dt. *Der Mediterran*, 1993).

MAURIÈRES, A.: *Terres de Méditerranée*, 1992.

MAURIÈRES, A./ OSSART, E./ BOUCROT, L.: *Jardins nomades, Tapis de fleurs*, 1997.

MAURIÈRES, A./ REY, J. M.: *Le Jardinier de Provence et des régions méditerranéennes*, 1996.

MIQUEL, ANDRÉ: *Du désert d'Arabie aux jardins d'Espagne*, 1992.

MOLDENKE, ALMA L./HAROLD, N.: *Plants of the Bible*, 1908.

NICKIG, MARION/RAU, HEIDE: *Der sinnliche Garten*, Ellert & Richter, 2000.

PRIETO-MORENO, FRANCISCO: *Los Jardines de Granada*, 1983.

SCARMAN, JOHN: *Gärtnern mit Alten Rosen*, Christian Verlag, 2000.

STEEB, FRANK O.: *Palmen — Porträts der bekanntesten Arten aus aller Welt*, Mosaik Verlag, 1993.

STÉTIÉ, SALAH: *Lumière sur lumière*, 1992.

Terres au quotidien, Schriftensammlung, Katalog des Musée du Vieux Nîmes, 1995.

'UMAR CHAYYÂM: *Wie Wasser strömen wir*, 1984.

Öffentlich zugängliche Gärten, von Arnaud Maurières und Éric Ossart gestaltet oder restauriert

◆ *Jardins des Paradis*, Cordes-sur-Ciel (Département Tarn), geöffnet von Mitte Juni bis Mitte Oktober. Auskunft unter: (0033) 6 03 10 05 84, Fax: (0033) 5 63 76 47 06.

◆ *Jardin de l'Alchimiste*, Eygalières-en-Provence (Département Bouches-du-Rhône), geöffnet von Mitte Mai bis Mitte Oktober, Auskunft unter: (0033) 4 90 90 67 67.

◆ *Jardin des Colombières*, Menton (Département Alpes-Maritimes), Besuch nach Voranmeldung, Auskünfte über das Office du tourisme (Fremdenverkehrsbüro) in Menton.

◆ *Roseraie de l'Échevêché*, Blois (Rosengarten des Erzbistums, Département Loir-et-Cher), ganzjährig geöffnet.

◆ *Obstgarten in Malicorne* (Département Allier), geöffnet von Ostern bis Pfingsten. Auskunft unter (0033) 4 70 64 33 34.

◆ *Jardin du musée national du Moyen Âge*, Square de Cluny, 75005 Paris, Eröffnung im September 2000. Auskünfte unter (0033) 1 53 73 78 19.

Dank

an SALAH STÉTIÉ für das aufschlussreiche Buch *Lumière sur lumière*, das uns beim Verfassen des vorliegenden Bandes stets begleitet hat,

an MARIA CASANOVA, unfehlbare Wegweiserin durch die Gärten Spaniens,

an ÉVELYNE PORRET und MICHEL PASTORE, Freunde aus Ägypten und Eigentümer des Gartens in Fayum,

an MARIE und ALAIN DE LAROUZIÈRE, die gemeinsam mit uns den Garten des Alchimisten in Eygalières gestalten,

an MARGARET und MICHAEL LIKIERMAN, die mit Hingabe den paradiesischen Garten des Jardin des Colombières in Menton restaurieren,

an KLAUS SCHEINERT und THOMAS PAAR, die uns unzählige Male Zutritt zu ihrem Jardin de la Casella gewährten,

an M. DE SABRAN-PONTEVÈS, der das Paradies von Ansouis bei Aix-en-Provence sein Eigen nennt,

an RASCHID KOREISCHI und ÉTHEL ADNAN, mit deren Hilfe der Paradiesgarten beim Internationalen Gartenfestival von Chaumont-sur-Loire entstand,

an JEAN-PAUL PIGEAT und den Gärtnern des Gartenkonservatoriums in Chaumont-sur-Loire, die es uns (mindestens einmal im Jahr) ermöglichen, ein Paradies zu erschaffen;

an die Eigentümer und Verwalter der in Spanien fotografierten Gärten:

an SR. BEAN Y CABILDO von der Kathedrale in Córdoba,

an das DEPARTAMENTO DE ACTIVIDADES CULTURALES in Sevilla für die Fotografien vom Orangenhof in der Kathedrale Santa María,

an die DIPUTACIÓN DE CÓRDOBA, Eigentümerin des Convento de la Merced,

an die ESCUELA DE ESTUDIOS ÁRABES und ihren Direktor, JOSÉ LUIS LÓPEZ, im Casel del Chapiz in Granada,

an die FONDACIÓN CASA DUCAL DE MEDINACELLI, Eigentümerin der Casa de Pilatos in Sevilla,

an die FONDACIÓN RODRIGUEZ-ACOSTA in Granada,

an FRANCISCO GODOY, Direktor des archäologischen Museums in Córdoba,

an die OBRA SOCIAL Y CULTURAL DE CAJA SUR, insbesondere an JOSÉ EDUARDO HUERTAS, stellvertretender Generaldirektor, für die Fotografien vom Palacio de Viana in Córdoba,

an das PATRONATO DE LA ALHAMBRA Y GENERALIFE in Granada,

an das PATRONATO DEL REAL ALCÁZAR in Sevilla, insbesondere an den Direktor, JOSÉ MARIA CABEZA.

Aus dem Französischen übersetzt von Karola Bartsch
Redaktion: Inken Kloppenburg Verlags-Service, München
Korrektur: Bettina Bach
Umschlaggestaltung: Caroline Georgiadis
Herstellung: Dieter Lidl
Satz: Fotosatz Völkl, Puchheim

Druck und Bindung: Pollina, Luçon
Printed in France

HINWEIS

Alle Informationen und Hinweise, die in diesem Buch enthalten sind, wurden von den Autoren nach bestem Wissen erarbeitet und von ihnen und dem Verlag mit größtmöglicher Sorgfalt überprüft. Unter Berücksichtigung des Produkthaftungsrechts müssen wir allerdings darauf hinweisen, dass inhaltliche Fehler oder Auslassungen nicht völlig auszuschließen sind. Für etwaige fehlerhafte Angaben können Autoren, Verlag und Verlagsmitarbeiter keinerlei Verpflichtung und Haftung übernehmen.

Korrekturhinweise sind jederzeit willkommen und werden gerne berücksichtigt.